MELHORANDO O PORTUGUÊS NO EXAME DA OAB

Com dicas do Acordo Ortográfico

1ª edição — 2009
2ª edição — 2014
3ª edição — 2015

Christiano Abelardo Fagundes Freitas

Advogado. Professor da Universidade Candido Mendes, da Faculdade de Direito de Campos e da Universidade Salgado de Oliveira. Pós-graduado em Direito e em Língua Portuguesa. Advogado orientador do Núcleo de Prática Jurídica da Universidade Salgado de Oliveira e da Faculdade de Direito de Campos. Membro da Academia Campista de Letras (Cadeira n. 19). Coordenador do curso de pós-graduação em Direito do Trabalho e Direito Processual do Trabalho da FDC.

MELHORANDO O PORTUGUÊS NO EXAME DA OAB

Com dicas do Acordo Ortográfico

3ª edição

LTr

LTr EDITORA LTDA.

© Todos os direitos reservados
Rua Jaguaribe, 571
CEP 01224-001
São Paulo, SP — Brasil
Fone (11) 2167-1101
www.ltr.com.br
Maio, 2015

Versão impressa — LTr 5281.1 — ISBN 978-85-361-8389-3
Versão digital — LTr 8685.2 — ISBN 978-85-361-8370-1

Dados Internacionais de Catalogação na Publicação (CIP)
(Câmara Brasileira do Livro, SP, Brasil)

Freitas, Christiano Abelardo Fagundes
 Melhorando o português no exame da OAB : com dicas do acordo ortográfico / Christiano Abelardo Fagundes Freitas. — 3. ed. — São Paulo: LTr, 2015.

Bibliografia.

1. Direito — Linguagem 2. Português — Concursos I. Título.

15-02929 CDU-340.113.1:806.90(079)

Índice para catálogo sistemático:

1. Português : Concursos na área jurídica : Linguagem jurídica : Direito   340.113.1:806.90(079)

*Dedico este livro
aos meus familiares, aos meus confrades da
Academia Campista de Letras, aos meus
alunos da UCAM, da FDC e da UNIVERSO, bem
como aos meus colegas de magistério.
Meus sinceros agradecimentos aos colegas de
magistério que adotam esta Obra em suas aulas
e/ou a divulgam, entre eles: Afrânio Gualda, Ana
Carolina Santarita.*
Contato direto com o autor: fagundes.3@hotmail.com

Sumário

PREFÁCIO — *Léa Cristina Barboza da Silva Paiva* 9

CAPÍTULO 1 — Dúvidas do dia a dia 13

CAPÍTULO 2 — Homônimos e parônimos 28

CAPÍTULO 3 — Vícios de linguagem 36

CAPÍTULO 4 — Tipologia textual 40

CAPÍTULO 5 — Verbos jurídicos 51

CAPÍTULO 6 — Técnicas de elaboração do parecer 56

CAPÍTULO 7 — Aspectos linguísticos da petição inicial 60

CAPÍTULO 8 — Modelos de petições iniciais 68

CAPÍTULO 9 — Erros mais comuns nas peças processuais 101

CAPÍTULO 10 — Crase 112

CAPÍTULO 11 — Concordância Verbal 118

CAPÍTULO 12 — Expressões latinas empregadas no texto jurídico 124

CAPÍTULO 13 — Dicas do acordo ortográfico 133

BIBLIOGRAFIA 139

PREFÁCIO

Este não é um livro de estreia do autor. O lançamento de mais esta obra, indubitavelmente, enobrecerá o mundo jurídico, uma vez que se trata de um manual fundamental para todos os operadores do Direito.

Não seria, portanto, o caso de depender de apresentação ao público leitor, pois o autor já conquistou, por direito próprio, um lugar de destaque na comunidade acadêmica.

A didática na exposição é uma das qualidades desta obra. O autor, neste livro, sintetizou de maneira fantástica os assuntos que mais assombram os operadores do Direito e concursandos na área jurídica, dando-nos, com seus dotes naturais de inteligência e do amplo respaldo da experiência e da cultura, rara felicidade de contarmos com uma obra com exposição clara, sistemática e, ao mesmo tempo, concisa.

A importância desta obra dá-se, também, pelo fato de que o advogado, trabalhando, ou escreve ou fala. Pois bem. Para o advogado, a correção redacional é virtude que poderíamos dizer ditada por lei, quando esta diz que o fato e os fundamentos do pedido devem ser expostos com clareza e precisão, exatamente para garantir o princípio constitucional do devido processo legal.

Assim, eis a razão de recomendarmos esta obra, pois ela, além de conter excelente conteúdo gramatical, conta com modelos de petições e um conjunto de palavras e expressões que devem merecer o cuidado e a atenção dos colegas desejosos de evitar erros gramaticais.

Os termos e seus significados ajudam na correta assimilação do Direito, pois os autênticos operadores do Direito se entendem por meio de termos e palavras já consagradas milenarmente. Por isso, dizia Von Ihering que "as verdades, as expressões científicas, que não se designem mediante uma expressão técnica, são como as moedas que não receberam cunho: nem uma nem outra entra em circulação".

Assim, assevero-lhes que o professor Christiano Abelardo Fagundes Freitas é profissional qualificado para bem realizar uma obra de tal natureza.

Léa Cristina Barboza da Silva Paiva,
advogada, mestra, escritora e professora

DIGNIDADE

Sonho com um país sério,
sem fome de comida e de educação,
um país que respeite o cidadão,
que tenha a igualdade como cartão.
Desejo uma nação independente,
com suas crianças na escola,
sem calos na mão,
dando asas para a imaginação.
É preciso raiar a dignidade,
tirar os guris da pedreira.
Chega de meninos sem eira, sem dedo e sem beira.
Que o país do futuro seja um dia realidade
e enxergue as pessoas de todas as idades.

Christiano Abelardo Fagundes Freitas

CAPÍTULO 1

DÚVIDAS DO DIA A DIA

1.1. Há ou a?

a) Há (do verbo haver) deve ser usado para indicar tempo passado (obs.: pode ser substituído por "faz").

Ex.: Há três meses, fui ao Tribunal de Justiça do Rio de Janeiro.

Ex.: Há dois anos, não vou ao cinema.

b) Quando a ideia for de tempo futuro, deve-se usar a preposição "A".

Ex.: Só haverá julgamento no Tribunal do Júri daqui a três semanas.

Ex.: Estamos a dez quilômetros do Tribunal Regional do Trabalho da Primeira Região.

> **DICA DO PROFESSOR:**
> Há = faz (indica tempo passado).
> A = tempo futuro.

1.2. A cerca de ou há cerca de ou acerca de?

a) A (preposição) + CERCA DE (aproximadamente)

Ex.: Estamos a cerca de dez metros do TRT.

b) HÁ (verbo haver; equivale a faz) + CERCA DE (aproximadamente)

Ex.: Há (Faz) cerca de dez anos que não vou ao TRT.

Ex.: Há cerca de cem mil pessoas neste espetáculo.

c) ACERCA DE = sobre, a respeito de.

Ex.: Os advogados conversaram acerca (a respeito) da poluição ambiental.

Ex.: Os vereadores estão conversando acerca daquele projeto de lei.

1.3. Afim ou a fim de?

a) AFIM = semelhante

Ex.: Os alunos têm ideais afins.

Ex.: Apresentaram projetos com objetivos afins.

b) A FIM DE = para

Ex.: Os alunos estudaram a fim de (para) serem aprovados, sem a realização de prova final.

Ex.: Ele treinou muito a fim de obter uma boa classificação.

Obs.: não se deve usar a fim de com o valor de "estar com vontade de", como se dá na seguinte frase: estou a fim de viajar nas férias.

> **DICA DO PROFESSOR:**
> A FIM DE = indica finalidade, pode ser substituído pela preposição para.

1.4. À folha ou às folhas?

A expressão "à folha" indica página única.

Ex.: O parecer do Ministério Público está à folha cinquenta e cinco.

Obs.: pode-se dizer também: O parecer do Ministério Público está a folhas cinquenta e cinco (com o "a" no singular e sem acento grave).

Às folhas é expressão indicadora de páginas múltiplas.

Ex.: O parecer do Ministério Público está às folhas 55 a 58.

1.5. Alto e bom som ou em alto e bom som?

A expressão correta é ALTO E BOM SOM, que significa "sem receio de ser ouvido", "em voz alta e clara".

Ex.: O réu disse alto e bom som o nome dos envolvidos.

Ex.: Disseram alto e bom som o resultado da pesquisa.

Obs.: a expressão "em alto e bom som" não é correta, logo deve ser evitada.

1.6. A par ou ao par?

a) A PAR = estar bem informado, estar ciente

Ex.: O juiz ficou a par de tudo.

Ex.: O professor disse que está a par da insatisfação da turma.

b) AO PAR = moeda de valor equivalente

Ex.: O real está ao par do dólar.

> **DICA DO PROFESSOR:**
> AO PAR é de uso frequente na linguagem bancária e no Direito Empresarial.

1.7. Ao encontro de ou de encontro a?

a) AO ENCONTRO DE = a favor, ideia de harmonia

Ex.: Como a atitude do réu foi ao encontro da legislação, ele foi absolvido.

Ex.: Meu desejo foi ao encontro do dela, por isso formamos um belo casal.

b) DE ENCONTRO A = ideia de oposição, choque, conflito, colisão

Ex.: Como a atitude do réu foi de encontro à legislação, ele foi condenado.

Ex.: O pensamento de João foi de encontro ao da turma, por isso não foi eleito.

Ex.: O veículo foi de encontro à árvore.

> **DICA DO PROFESSOR:**
> AO ENCONTRO significa harmonia.
> DE ENCONTRO dá ideia de choque.

1.8. Ao invés de ou em vez de?

a) AO INVÉS DE = ao contrário de

Ex.: Ao invés de ser absolvido, foi condenado.

Ex.: Ao invés de melhorar com o uso do medicamento, ele piorou.

b) EM VEZ DE = substituição

Ex.: Em vez de estudar Direito Tributário, o bacharel estudou Direito do Trabalho.

Ex.: Em vez de ir ao teatro, ela foi ao cinema.

Ex.: Em vez de usar vinagre, usou limão.

> **DICA DO PROFESSOR:**
> AO INVÉS, como o próprio nome sugere, significa inverso, isto é, ideias inversas, contrárias. A grafia do termo já dá a dica.

1.9. Bem-vindo ou benvindo?

a) BEM-VINDO = desejo de boa chegada

Ex.: Seja bem-vindo à universidade.

Ex.: Bem-vindo à cidade de Campos dos Goytacazes.

Ex.: Sejam bem-vindos ao evento!

b) BENVINDO = substantivo próprio

Ex.: Benvindo é um excelente ator.

1.10. Cessão ou sessão ou seção (= secção)?

a) CESSÃO = ato de ceder, de doar

Ex.: Ele fez uma cessão de direitos hereditários.

Ex.: A professora fez a cessão de diversos livros para a escola.

> **DICA DO PROFESSOR:**
> CESSÃO é o único do trio que começa com "ce", faça, pois, a analogia com o verbo "ce"der.

b) SESSÃO = reunião, intervalo de tempo

Ex.: Aberta a sessão, o juiz propôs a conciliação.

Ex.: A entrega da comenda ocorreu em sessão solene.

Ex.: Fui à sessão de posse do acadêmico.

> **DICA DO PROFESSOR:**
> A palavra "sessão" significa reunião e observe que ela própria possui uma reunião de "s".

c) SEÇÃO = parte de um todo

Ex.: Li a notícia da deportação na seção (ou secção) de Direito Internacional.

Ex.: Soube do acidente com o piloto na seção (ou secção) de esportes do Monitor Campista.

> **DICA DO PROFESSOR:**
> Seção é o único do trio que possui "ç", faça, pois, analogia com repartição (que possui o "ç").

1.11. Conquanto ou com quanto?

a) CONQUANTO = embora (conjunção subordinativa concessiva)

Ex.: Conquanto fosse trabalhador, perdeu o emprego por justa causa.

Ex.: Fui à festa, conquanto estivesse cansado.

b) COM QUANTO = com qual quantidade

Ex.: Com quanto dinheiro ela comprou a casa em Trancoso?

> **DICA DO PROFESSOR:**
> Conquanto equivale a "apesar de".

1.12. Dar à luz dois filhos ou dar a luz a dois filhos?

A expressão *dar à luz* significa parir e sempre devemos usá-la com o acento que indica a crase.

A mãe dá à claridade do mundo os filhos, portanto devemos dizer que ela deu dois filhos à luz.

Ex.: A professora deu à luz trigêmeos.

Trata-se de outra expressão muito utilizada nos textos jurídicos.

1.13. Decerto ou de certo?

Mais uma vez vai depender do contexto, porquanto existem as duas expressões.

a) Decerto é um advérbio que significa "certamente". Ex.: Decerto houve uma reação ao assalto.

b) De certo (locução) pode ser empregada como no seguinte exemplo: Afinal, o que há de certo sobre este episódio? Isto é, de certo = de verdadeiro.

1.14. Demais ou de mais?

a) DEMAIS = demasiadamente; excessivo; os outros

Ex.: O autor falou demais.

Ex.: Os demais réus fugiram.

b) DE MAIS = usa-se em oposição a *de menos*.

Ex.: Enviaram carteiras de mais (de menos) para o Tribunal do Júri.

1.15. Detrás ou de trás?

a) DETRÁS = atrás

Ex.: Os réus estão aí detrás.

b) DE TRÁS = de longe, de antes

Ex.: Tais gestos o juiz já os possuía de trás.

1.16. Egrégio ou egréjio Tribunal de Justiça?

O certo é egrégio tribunal. Trata-se de uma palavra muito utilizada nos recursos interpostos nos tribunais; logo, devemos ter bastante atenção, principalmente os bacharéis que estão se preparando para o exame da OAB.

Egrégio significa muito distinto.

1.17. Embaixo ou em baixo?

> **DICA LÚDICA DO PROFESSOR:**
> Lembre-se da letra V, pois "em cima" fica separada e "embaixo" fica tudo junto. Assim, lembre-se de que a expressão "em cima" é grafada de forma separada e "embaixo" é grafada com tudo junto.

1.18. Em mãos ou em mão?

Este é um caso que provoca bastante dúvida no cotidiano. Acredito que o fato de termos duas mãos leva muitos a pensarem que a expressão deve ser grafada no plural. Ledo engano!

A expressão correta é "em mão", no singular, por ser invariável.

> **DICA DO PROFESSOR:**
> Nobre leitor, nós temos dois pés, mas ninguém diz que ficou "em pés". Esta é uma maneira lúdica de não nos esquecermos de que o correto é "em mão", no singular.

1.19. Em princípio ou a princípio?

a) EM PRINCÍPIO = em tese

Ex.: Em princípio, todos somos iguais perante a lei.

b) A PRINCÍPIO = no começo

Ex.: A princípio, não gostei da disciplina, agora quero fazer uma especialização na área.

1.20. Fundo de Garantia do Tempo de Serviço ou Fundo de Garantia por Tempo de Serviço?

A terminologia correta é Fundo de Garantia **do** Tempo de Serviço.

1.21. *Grosso modo* ou a grosso modo?

Trata-se de expressão latina que significa "aproximadamente". A expressão correta é *grosso modo* e não "a grosso modo".

1.22. *Habeas corpus* ou *habeas-corpus?*

Esta expressão latina significa "que tenhas o teu corpo". Neste momento, azado registrar a lição do culto doutrinador Alexandre de Moraes, *in Direito Constitucional,* 17. ed. São Paulo: Atlas, 2005. *Verbis:* "Portanto, o *habeas corpus* é uma garantia individual ao direito de locomoção, consubstanciada em uma ordem dada pelo Juiz ou Tribunal ao coator, fazendo cessar a ameaça ou coação à liberdade de locomoção em sentido amplo, o direito do indivíduo de ir, vir e ficar."

Entre os estudiosos, não existe consenso no que tange ao emprego do hífen na expressão latina em tela. Segundo o professor Domingos Paschoal Cegalla, não se deve empregar o hífen. Já os professores Ernani Terra e José de Nicola, em *1001 Dúvidas de Português*, afirmam que essa expressão latina deve ser sempre grafada com hífen. Penso que o hífen só deve ser usado quando a expressão estiver substantivada: o *habeas-corpus* foi impetrado.

1.23. Mas ou más ou mais?

a) MAS = porém, todavia (conjunção coordenativa adversativa: exprime ideia de adversidade)

Ex.: *Ele estudou muito, mas foi reprovado na segunda fase.*

Ex.: *O deputado trabalhou muito na campanha, mas não foi eleito.*

b) MAIS = antônimo de menos (advérbio de intensidade)

Ex.: *Ele realizou mais horas extras do que o paradigma.*

Ex.: *É preciso colocar mais açúcar no café.*

c) MÁS = perversas, ruins (adjetivo)

Ex.: *As más línguas falam o que não devem.*

Ex.: *Essas meninas são muito más, segundo o delegado.*

1.24. Mal ou mau?

a) MAL = contrário de bem

Ex.: *Ela atuou mal neste feito.*

Ex.: *Ela canta mal.*

b) MAU = contrário de bom

Ex.: *Ela está de mau humor.*

> **DICA DO PROFESSOR:**
> MAL pode também indicar tempo. Ex.: mal (logo que, assim que) ela chegou, o juiz fez o pregão.

1.25. Meio-ambiente ou meio ambiente?

A expressão é redundante, pois "meio" também significa ambiente, mas está registrada até mesmo na Constituição da República Federativa do Brasil, conforme se verifica no art. 225, *caput*.

Deve ser grafada sem hífen: meio ambiente.

1.26. Motivo poderoso ou motivo ponderoso?

Lamentavelmente, o legislador "cochilou" quando da elaboração do texto do art. 843, § 2º, da CLT. Para entendermos tal equívoco, mister transcrever o referido dispositivo legal. *Verbis*: "§ 2º Se por doença ou qualquer outro motivo poderoso, devidamente comprovado, não for possível ao empregado comparecer pessoalmente, poderá fazer-se representar por outro empregado que pertença à mesma profissão, ou pelo seu sindicato."

Na verdade, o motivo mencionado no artigo acima é o ponderoso e não "poderoso". Ponderoso significa razoável, ponderável.

1.27. Por ora ou por hora?

Depende, pois existem as duas formas.

a) POR ORA = por agora, por enquanto

Ex.: *Por ora, a autora não pretende fazer acordo.*

b) POR HORA = 60 minutos.

Ex.: *Passavam 6 mil veículos por hora naquela estrada.*

Ex.: *Ela cobra R$ 100,00 por hora de aula.*

1.28. Por que ou por quê ou porque ou porquê?

a) POR QUE = deve ser usado:

I — no início de frases interrogativas;

II — quando puder ser substituído por pelo qual;

III — quando estiver escrita ou subentendida a palavra razão.

Ex.: *Por que não houve a audiência?*

Ex.: *Dispensa do emprego é uma situação por que (pela qual) muitos passam.*

Ex.: *Não sei por que razão o casal pediu a separação.*

> **DICA LÚDICA DO PROFESSOR:**
>
> *Obs.: o ponto de interrogação separa o casal, por isso, nas frases interrogativas diretas, deve-se usar por que (separado) no início. Nas aulas, dou, ainda, a seguinte dica: como a interrogação separou o "casal" logo no início do namoro, não há também o herdeiro (que seria o acento circunflexo).*

b) POR QUÊ = deve ser usado no fim de frases

   Ex.: *Não houve a audiência por quê?*

   Ex.: *Ele não fez a prova por quê?*

> **DICA LÚDICA DO PROFESSOR:**
>
> *Obs.: o ponto de interrogação separa o casal, mas como a separação agora é no final da frase, houve tempo para o nascimento do herdeiro (o acento circunflexo).*

c) PORQUE = é uma conjunção, podendo ser substituída pela conjunção *pois*

   Ex.: *A audiência não ocorreu, porque (pois) o magistrado passou mal.*

   Ex.: *Não foi ao churrasco, porque quis rever o conteúdo de Direito Civil.*

> **DICA LÚDICA DO PROFESSOR:**
>
> *Obs.: faça a seguinte analogia: porque é uma palavra só e sem acento gráfico, assim como a palavra "pois".*

d) PORQUÊ = é forma substantivada; logo, virá precedida de artigo ou pronome adjetivo

   Ex.: *Não sabemos o porquê da separação.*

   Ex.: *O teu porquê irrita-me!*

1.29. Salário mínimo ou salário-mínimo?

Existem as duas expressões, o emprego dependerá do contexto.

a) Salário mínimo significa o menor salário que se deve pagar ao empregado, sendo estabelecido por lei. Importante registrar o conceito legal de salário mínimo, previsto no art. 76 da CLT. *Verbis:* "Salário mínimo é a *contraprestação mínima devida e paga diretamente pelo empregador a todo trabalhador, inclusive ao trabalhador rural, sem distinção de sexo, por dia normal de serviço, e capaz de satisfazer, em determinada época e região do País, as suas necessidades normais de alimentação, habitação, vestuário, higiene e transporte."*

b) Salário-mínimo (com hífen) é usado para representar o trabalhador que recebe salário mínimo

Ex.: Ele é um salário-mínimo e vive feliz.

1.30. Se não ou senão?

a) SE NÃO = CASO NÃO. Transmite a ideia de uma condição

Ex.: Se não chover, haverá o churrasco. (Caso não chova, haverá o churrasco)

b) SENÃO pode ser usado:

I — no sentido de "do contrário";

II — no sentido de "mas sim";

III — no sentido de "apenas", "somente";

IV — no sentido de "problema".

Ex.: Saia agora, senão (do contrário) chamarei o segurança.

Ex.: Não era caso de dispensa por justa causa, senão (mas sim) de advertência.

Ex.: Não se viam senão as borboletas. (apenas as borboletas eram vistas)

Ex.: O professor não encontrou um senão (um problema) em minha monografia.

1.31. Suicidar ou suicidar-se?

Muitos acreditam que o uso de suicidar-se é redundante, mas não é o caso. O verbo é pronominal, logo devemos falar e escrever suicidar-se. Ex.: Estava com tantas dívidas que tentou suicidar-se.

1.32. Tampouco ou tão pouco?

a) TAMPOUCO = também não, nem

Ex.: Não estudou, tampouco trabalhou.

Ex.: Não fez o exercício, tampouco a pesquisa.

b) TÃO POUCO = muito pouco (ideia de intensidade)

Ex.: Em tão pouco tempo, prolatou-se a sentença.

Ex.: Ele lamentou ter feito tão pouco pelo amigo.

1.33. Varoa ou virago?

Inicialmente, é válido recordar que cônjuge é um substantivo sobrecomum. Neste caso, a diferença de gênero não é feita por artigos ou outros determinantes, pois tais substantivos são invariáveis. Quando se pretende especificar o gênero, devemos fazer o seguinte: uma criança do sexo masculino.

Como feminino de varão (homem), podemos empregar as duas expressões: o cônjuge varoa; o cônjuge virago, **embora a última seja a mais empregada na linguagem jurídica.**

1.34. Vossa Excelência ou Sua Excelência?

Depende.

a) VOSSA EXCELÊNCIA. Quando estivermos falando diretamente com a pessoa, devemos usar VOSSA EXCELÊNCIA. Ex.: Doutora Ana Maria, preciso falar com Vossa Excelência.

b) SUA EXCELÊNCIA. Caso estejamos falando a respeito da pessoa, devemos usar SUA EXCELÊNCIA. Ex.: Sua Excelência, Dr. Marcelo Menezes, ilustre magistrado trabalhista, informa aos alunos que aplicará prova na próxima semana.

1.35. Emprego dos pronomes de tratamento

O emprego dos pronomes de tratamento é assunto que causa dúvidas, por isso apresentamos a relação abaixo.

Cardeais — Vossa Eminência

Cônsul — Vossa Senhoria

Coronel — Vossa Senhoria

Deputado Federal — Vossa Excelência

Desembargador — Vossa Excelência

Embaixador — Vossa Excelência

Governador e Vice-Governador de Estado — Vossa Excelência

Juiz de Direito e Juiz do Trabalho — Vossa Excelência

Ministro de Estado — Vossa Excelência

Ministro dos Tribunais — Vossa Excelência

Papa — Vossa Santidade

Prefeito — Vossa Excelência

Presidente e Vice-Presidente da República — Vossa Excelência

Presidente das Câmaras Municipais — Vossa Excelência

Procurador-Geral da República — Vossa Excelência

Reitor de Universidade — Vossa Magnificência

Senador — Vossa Excelência

Vereador — Vossa Senhoria

1.36. Exercício de fixação

1. Complete as frases, com a opção correta.

a) O juiz chegou .... horas. (a/ há)

b) Eles conversaram .... das alterações nas súmulas do TST. (acerca/ a cerca/ há cerca)

c) Ela foi à faculdade............. de ir ao churrasco. (ao invés/ em vez)

d) Não se descobriu até hoje o .... do suicídio. (porque/ porquê)

e) Houve uma .... extraordinária no tribunal, para o julgamento do recurso. (sessão/ cessão/ seção)

f) ....o processo foi arquivado? (Por quê/ Por que/ Porque/ Porquê)

g) O professor ficou .... de tudo. (ao par/ a par)

h) Ele sempre será .... à instituição. (benvindo/ bem-vindo)

i) .... de ser julgado procedente, o pedido foi rejeitado. (Em vez/ Ao invés)

j) Ele estudou muito, ... não logrou êxito. (mais/ mas/ más)

k) O juiz dispensou a oitiva da testemunha ....? (por quê/ por que/ porque/ porquê)

l) O presidente do senado disse não saber o .... de tanta polêmica. (por quê/ por que/ porque/ porquê)

m) Ele recebe apenas um .... por mês. (salário mínimo/ salário-mínimo)

n) O cartório lavrou a escritura de .... de direitos hereditários. (cessão/ sessão/ seção)

o) .... solicita aos senhores que façam silêncio no corredor, ...o barulho está atrapalhando a.............(Vossa Excelência/ Sua Excelência; porque/ porquê/ por que; seção/ sessão)

Gabarito: a) há; b) acerca; c) em vez; d) porquê; e) sessão; f) Por que; g) a par; h) bem-vindo; i) Ao invés; j) mas; k) por quê; l) porquê; m) salário mínimo; n) cessão, o) Sua Excelência, porque, sessão.

2. Complete as frases, com a opção correta.

a) "Da primeira vez

ela chorou,

.... resolveu ficar.

É que os momentos felizes

Tinham deixado raízes

No seu penar." (mais ou mas ou más?)

(Toquinho e Vinicius de Moraes)

b) "*Habeas Corpus* preventivo

Conseguiram deturpar a legislação

Dinheiro escondido no calção

Coisas que ferem a imagem da nação.

Este poder é podre

Como é lama a corrupção

A coisa é pública: república,

.... predomina a privatização.

Alunos na quinta série

.... tecem uma dissertação,

.... se aplaude a automática aprovação,

Pois quanto mais cego

.... fácil a dominação

Há quem venda a democracia

por tijolo, por cesta de alimentação.

Quando será respeitada a Constituição? (mas ou mais e mal ou mau)

(Christiano A. Fagundes)

Gabarito: a) mas; b) mas/ mal/ mas/ mais.

3. Assinale a alternativa com erro.

a) Em vez de estudar Direito Civil, estudou Direito do Trabalho.

b) Ao invés de ser absolvido, o réu foi condenado.

c) O promotor de justiça está ao par do homicídio.

d) Como a conduta do empregado foi de encontro ao regimento interno da empresa, houve a dispensa.

Gabarito: letra "c".

4. Observe as seguintes orações:

I — Li a notícia da revogação da lei na _____ de direito da revista.

II — O autor fez a _____ dos direitos autorais para a entidade de caridade.

III — Aberta a _____, o juiz do trabalho deve propor a conciliação.

IV — Ela trabalha na _____ de Economia.

Respectivamente, temos:

a) seção/ cessão/ sessão/seção;

b) cessão/ sessão/ seção/seção;

c) cessão/ seção/ seção/sessão;

d) seção/ seção/ sessão/sessão.

Gabarito: letra "a".

CAPÍTULO 2

HOMÔNIMOS E PARÔNIMOS

2.1. Homônimos

Homônimas são palavras que possuem a mesma grafia ou a mesma pronúncia, porém com significados diferentes. Há homônimos que têm a mesma grafia e a mesma pronúncia, sendo chamados de homônimos perfeitos.

Logo, os homônimos podem ser:

a) perfeitos (som igual e grafia igual, mas significados diferentes): manga (substantivo), manga (parte de uma roupa). A manga está verde. Ela rasgou a manga da camisa.

b) homófonos (som igual e grafia diferente): acender (atear fogo), ascender (subir). Ele acendeu a churrasqueira. Ele ascendeu na empresa.

c) homógrafos (grafia igual e som diferente): acordo (substantivo), acordo (verbo acordar). Entabulamos um acordo na Vara do Trabalho. Eu acordo cedo todos os dias.

Observe a relação abaixo de palavras homônimas:

acender = atear fogo; ligar

ascender = elevar-se

acento = sinal gráfico

assento = banco

apreçar = verificar o preço

apressar = dar pressa, andar rápido

arrochar = apertar

arroxar = ficar roxo

ás = carta de jogo; indivíduo exímio em uma atividade

az = esquadrão

caçar = perseguir animais
cassar = tornar sem efeito
cegar = ficar cego
segar = ceifar
cela = quarto pequeno
sela = arreio
censo = recenseamento
senso = juízo
cerrar = fechar
serrar = cortar
cessão = ato de doar, de ceder
seção (secção) = parte
sessão = reunião
cheque = ordem de pagamento
xeque = lance do jogo de xadrez
concertar = harmonizar
consertar = reparar, fazer o conserto
espectador = aquele que assiste
expectador = aquele que tem expectativa
esperto = ativo, inteligente
experto = perito
espiar = olhar
expiar = sofrer castigo
esterno = nome de osso
externo = lado de fora
incerto = duvidoso
inserto = inserido
incipiente = iniciante
insipiente = ignorante
laço = nó

lasso = frouxo, cansado

paço = palácio

passo = andar

ruço = grisalho, complicado (gir.)

russo = natural da Rússia

tacha = prego de cabeça chata

taxa = tributo

tachado = censurado

taxado = receber taxa, tributo

DICAS LÚDICAS DO PROFESSOR:
assento tem o "s" de sentar-se;
cela possui o "c" de cômodo;
esterno possui o "s" de osso;
incipiente tem o "c" de iniciante.

2.2. Parônimos

São palavras diferentes no sentido, mas com muita semelhança na escrita e na pronúncia.

Ele foi preso em fragrante ou flagrante? O erro passou despercebido ou desapercebido? O juiz infligiu-lhe ou infringiu-lhe a multa? As respostas, nobre leitor, você encontrará no rol abaixo:

absolver = inocentar

absorver = aspirar

área = superfície

ária = cantiga popular

arrear = pôr arreios

arriar = cair

atuar = agir

autuar = processar

cavaleiro = aquele que cavalga

cavalheiro = homem educado
comprimento = extensão
cumprimento = saudação, ato de realizar algo
conjetura = hipótese
conjuntura = situação
decente = honesto
docente = relativo a professor
discente = relativo a aluno
deferir = conceder
diferir = adiar; ser diferente
degradar = rebaixar
degredar = exilar, deportar
delatar = falar mal, denunciar
dilatar = aumentar
desapercebido = desprevenido, despreparado
despercebido = não notado, não percebido
descrição = ato de descrever
discrição = qualidade do discreto
descriminar = inocentar
discriminar = diferenciar
despensa = cômodo
dispensa = ato de dispensar
destinto = descolorido, desbotado
distinto = diferente, notável, ilustre
destratar = ofender, tratar mal
distratar = rescindir contrato
emergir = vir à tona
imergir = afundar
eminente = célebre, notável

iminente = prestes a acontecer
emitir = enviar
imitir = investir
entender = compreender
intender = supervisionar
esbaforido = ofegante
espavorido = apavorado
flagrante = evidente, flagra
fragrante = perfumado
fluir = correr
fruir = usar
fusível = peça que funde
fuzil = arma
indefeso = sem defesa
indefesso = incansável
infligir = aplicar pena, castigo
infringir = violar, desrespeitar
intemerato = puro, sem mancha
intimorato = corajoso, sem temor
intimar = notificar
intimidar = amedrontar
lustre = candelabro
lustro = quinquênio
mandado = ordem
mandato = procuração; período de governo
perfilar = alinhar, colocar em fila
perfilhar = adotar
pleito = eleição; pedido
preito = homenagem

ratificar = confirmar

retificar = corrigir

recrear = divertir

recriar = criar novamente

sortir = abastecer

surtir = produzir efeito

tráfego = trânsito

tráfico = comércio ilícito

vestiário = recinto

vestuário = traje, roupa

vultoso = volumoso

vultuoso = inchado

DICAS LÚDICAS DO PROFESSOR:
arriar possui o "i" de cair;
cumprimento possui o "u" de saudação;
delatar possui o "de" de denunciar;
descrição possui o "des" de descrever;
mandado significa ordem, logo basta unir a primeira sílaba à última, que teremos "mando", sinônimo de ordem;
vestuário possui "u" como roupa.

2.3. Exercícios de fixação

1) Complete as frases abaixo com a palavra adequada.

a) O juiz .... o réu. (absolveu/absorveu)

b) O padre, após a missa, recolheu-se à ...... (cela/sela)

c) A empregada doméstica guardou os alimentos na .... (despensa/dispensa)

d) Deviam .... os bancos do plenário. (concertar/consertar)

e) Com o excessivo atraso, o consumidor quis .... a compra. (destratar/distratar)

f) Os .... aplaudiram a cantora. (espectadores/expectadores)

g) Ele sempre se esforçou para .... na empresa. (acender/ ascender)

h) O .... do senador foi .... (mandado/mandato) (caçado/ cassado)

i) Sem receber salário há três meses, a situação do professor ficou .... para ele. (ruça/russa)

j) Como o peso era muito, a carga .... (arreou/arriou)

k) O advogado sempre atuava com muita .... nos casos mais polêmicos, a fim de evitar a exposição do cliente. (descrição/discrição)

l) O diretor aproveitou a .... para divulgar os projetos. (conjetura/ conjuntura)

m) Segundo o empregador, o desfalque foi .... (vultoso/vultuoso)

n) O desembargador é um homem de bom .... (censo/senso)

o) As medidas não .... o efeito pretendido pelo delegado. (sortiram/ surtiram)

p) Ela sabe ..... os bons dos maus alunos. (descriminar/ discriminar)

q) O juiz da Vara Criminal de Campos expediu o .... de prisão. (mandado/ mandato)

r) Com o Acordo Ortográfico, algumas palavras perderam o .... (acento/ assento)

s) Reservado como é, atuou com muita .... (descrição/discrição)

t) Como estava na .... de ser preso, impetrou um *habeas corpus* preventivo. (iminência/eminência)

u) Não calculamos o .... do gabinete. (cumprimento/comprimento)

Gabarito: a) absolveu; b) cela; c) despensa; d) consertar; e) distratar; f) espectadores; g) ascender; h) mandato/cassado; i) ruça; j) arriou; k) discrição; l) conjuntura; m) vultoso; n) senso; o) surtiram; p) discriminar; q) mandado; r) acento; s) discrição; t) iminência; u) comprimento.

2) Assinale a alternativa incorreta.

a) O erro passou despercebido pelo orientador.

b) Como estava incorreta, a resposta foi retificada.

c) O defensor foi tachado de insensível pela família da vítima.

d) O iminente escritor veio para o lançamento da obra.

e) O tráfego aumentou bastante nesta rodovia.

Gabarito: d) "iminente".

3) Observe as seguintes orações:

I — Na luta, fraturou o esterno.

II — O empregado ajuizou uma reclamação trabalhista, com pleito de rescisão indireta, porque foi destratado pelo empregador.

III — Quando da prisão, ele estava com o fuzil em casa.

IV — O guarda infringiu a multa ao motorista porque este infligiu a lei de trânsito.

V — A modelo encontra-se no vestuário.

Há erro nas orações:

a) I, II e III;

b) II, III e V;

c) IV e V;

d) I e V;

e) II e V.

Gabarito: c). Correção: IV — O guarda infligiu a multa ao motorista, porque este infringiu a lei de trânsito. V — A modelo encontra-se no vestiário.

CAPÍTULO 3

VÍCIOS DE LINGUAGEM

Os desvios da norma culta, ocorridos por desconhecimento da língua portuguesa por parte do emissor da mensagem, serão aqui analisados sob o título em epígrafe.

Necessário dizer que não iremos arrolar todos os vícios apontados pelos gramáticos, mas apenas os mais frequentes na linguagem jurídica.

3.1. Barbarismo

Consiste em pronunciar ou grafar um vocábulo em desacordo com a norma culta.

O **adevogado** disse que os autos estão conclusos (em vez de advogado).

A palestra vai ser **gratuíta** (em vez de gratuita).

O **juíz** adiou a audiência (em vez de juiz).

A **erança** é **vultuosa** (em vez de, respectivamente, herança e vultosa).

A autora disse que tem **usos e frutos** do imóvel (em vez de usufruto).

Ele adquiriu esta propriedade pelo **usacampeão** (em vez de usucapião).

Os advogados conversaram **há cerca** da separação (em vez de acerca).

Ele impetrou um **mandato** de segurança (em vez de mandado).

O **iminente** desembargador faltou à palestra (em vez de eminente).

Ela identificou a **rúbrica** do juiz (em vez de rubrica).

Obs.: os desvios semânticos (uso incorreto de um vocábulo semelhante ao que deveria ser usado) são também barbarismos. Ex.: o mandado do prefeito foi cassado por improbidade (pois o certo é mandato).

3.2. Solecismo

Consiste no desvio da norma no que tange à sintaxe.

Fazem três anos que eu ajuizei a reclamação trabalhista (em vez de "faz" — houve desvio da norma em relação à sintaxe de concordância verbal).

A ré não obedeceu **o** regulamento (em vez de "ao" — houve desvio da norma em relação à sintaxe de regência verbal).

Me citaram no serviço (em vez de "citaram-me" — houve desvio da norma em relação à sintaxe de colocação pronominal).

3.3. Ambiguidade (ou anfibologia)

Consiste em deixar a frase com mais de uma interpretação.

A testemunha viu o incêndio do prédio.

O policial prendeu o réu em sua casa.

O promotor fala da reunião no canal 3.

3.4. Cacófato

Consiste na produção de um som ruim (cacofonia) pela junção de palavras.

O empregado quebrou **uma mão** só.

Mande-**me já** o documento.

A bo**ca dela** está sangrando.

Ca**fu deu** um soco no colega no horário de trabalho.

O professor ha**via dado** um exemplo de justa causa.

Governo confis**ca gado** na região.

Colocaram a cul**pa nela.**

3.5. Pleonasmo

Consiste numa repetição desnecessária de vocábulos para expressar uma mesma intenção.

A vítima disse que teve uma **hemorragia de sangue**.

A brisa **matinal da manhã** faz a aula mais agradável.

Há cinco meses **atrás**, fiz uma audiência na Vara Federal.

Eles fizeram um **acordo amigável** na Justiça do Trabalho.

Os herdeiros dividiram a propriedade em **metades iguais**.

O professor lançou **a sua própria auto**biografia.

A defensora possui uma **bela caligrafia**.

Ele quer o **monopólio exclusivo**.

O *meio ambiente* deve ser respeitado.

Isso é um crime contra o *erário público*.

O *novo lançamento* do meu livro será este ano.

A separação dos juízes foi fato *público e notório*.

O réu disse que vai *encarar de frente* a autora.

O governo disse que vai *criar novos* impostos.

A avó foi o *elo de ligação* entre os litigantes.

Para o ajuizamento da ação de nunciação de obra nova, não pode a construção estar em fase de *acabamento final*.

Eles *recuaram para trás*.

Os detentos não querem mais *canja de galinha*.

O juiz *adiou* a audiência para *depois*.

A inventariante é a *viúva do falecido*.

3.6. Eco

Consiste em repetir palavras terminadas pelo mesmo som.

A deci**são** da anula**ção** da elei**ção** em Campos dos Goytacazes **não** causou como**ção** na popula**ção**.

O aluno repet**ente** nunca m**ente** alegrem**ente**.

3.7. Estrangeirismo

Consiste no uso "emprestado" de uma palavra, expressão ou construção frasal estrangeira, em substituição de um termo existente na língua nativa.

Mormente para os gramáticos mais tradicionais, o estrangeirismo é um vício de linguagem. Exemplos: ***brother, croissant, show, site, hot dog, reveillon, stop.***

Mister registrar que alguns estrangeirismos, por causa do seu frequente uso na língua portuguesa, foram incorporados ao léxico da língua, ou seja, já são palavras dicionarizadas, como *shopping center* (centro comercial), *short*, *show* (espetáculo), entre outras.

3.8. Neologismo

Há gramáticos que incluem o neologismo no rol dos vícios de linguagem. Consiste na criação desnecessária de palavras. Ex.: O seu bolo está comível, embora não esteja gostoso. Comível é um exemplo de neologismo, pois temos a palavra comestível. Outro exemplo: O professor se considera imexível. Imexível é neologismo.

Observação: o neologismo não é considerado vício de linguagem quando se cria uma palavra para nomear algo para o qual não há um vocábulo na língua. Como, por exemplo, a palavra *camelódromo*, que é um lugar especial para reunir camelôs.

3.9. Exercícios de fixação

1. Identifique o vício de linguagem presente nas orações abaixo.

a) Nunca gaste mais do que você recebe.

b) Governo confisca gado em Minas Gerais.

c) Ele encontrou o ladrão em sua casa.

d) O juiz deferiu favoravelmente o meu pedido.

e) Haviam cem alunos na palestra dos professores Carlos Abreu e Djalmo Tinoco.

f) Aquela regra não tem excessão.

g) A recisão do contrato será hoje.

h) Ele é um promotor ávaro.

i) Não se deve dirigir com apenas uma mão.

j) Assisti o filme indicado pelo professor.

k) A possuidora está reinvidicando a propriedade do imóvel.

l) Fui ao show de lançamento do novo disco.

Gabarito: a) cacófato; b) cacófato; c) ambiguidade; d) pleonasmo; e) solecismo; f) barbarismo; g) barbarismo; h) barbarismo; i) cacófato; j) solecismo; k) barbarismo; l) estrangeirismo/ pleonasmo.

2. Assinale a alternativa que possua um barbarismo.

a) O mendigo disse que não aceita gorjeta de crianças.

b) O réu foi muito pretencioso.

c) O acusado disse que não cometeu o estupro.

d) O meritíssimo absolveu o réu.

e) Embaixo da mesa, o autor fez gestos obscenos.

Gabarito: letra "b" (a grafia correta é pretensioso).

CAPÍTULO 4

TIPOLOGIA TEXTUAL

Existem três tipos de redação: a descrição, a narração e a dissertação. É necessário, inicialmente, estabelecermos a diferença entre esses tipos de texto, para, depois, procedermos à análise da tipologia textual de uma petição inicial.

4.1. Descrição

A **Descrição** é o tipo de redação em que são destacadas as características de um objeto, de uma pessoa, de uma paisagem, de um ambiente.

Descrever é representar, por meio das palavras, uma coisa, uma pessoa, uma cena (por exemplo, de um acidente automobilístico) etc.

A descrição pode ser **objetiva ou subjetiva**. A descrição objetiva busca a precisão informativa, isto é, informa exatamente aquilo que todos percebem. É também chamada de sensorial, aquela para a qual utilizamos os cinco sentidos: visão, audição, olfato, paladar e tato. A descrição subjetiva, também chamada de extrassensorial, procura mostrar o que pensamos sobre o objeto ou sobre a pessoa descritos.

> **DICA DO PROFESSOR:**
> A presença de adjetivos e de locução adjetiva é um traço característico do texto descritivo. A letra da música Cariocas, de autoria de Adriana Calcanhoto, é exemplo desse tipo de texto. A seguir, a letra:
>
> | | |
> |---|---|
> | "Cariocas são bonitos | Cariocas nascem bambas |
> | Cariocas são bacanas | Cariocas nascem craques |
> | Cariocas são sacanas | Cariocas têm sotaque |
> | Cariocas são dourados | Cariocas são alegres |
> | Cariocas são modernos | Cariocas são atentos |
> | Cariocas são espertos | Cariocas são tão sexys |
> | Cariocas são diretos | Cariocas são tão claros |
> | Cariocas não gostam de dias nublados | Cariocas não gostam de sinal fechado" |

Em uma **Reclamação trabalhista**, em que o empregado pleiteia o recebimento do adicional de insalubridade ou de periculosidade, por exemplo, é necessário descrever, na petição, o local, o ambiente de trabalho, pois terá influência na decisão do magistrado.

4.2. Narração

A **Narração** é a espécie de texto na qual informamos a ocorrência de um ou de vários fatos, ressaltando o tempo, o lugar e os atores, isto é, os personagens envolvidos.

Narrar é contar uma história, um acontecimento. A testemunha, que deve reproduzir para o juiz o fato presenciado, deve ser fiel em seu depoimento.

Os personagens e o enredo são os elementos essenciais do texto narrativo. Os personagens são aqueles que viveram (ou vivem) a história narrada; o enredo é justamente o encadeamento de ações.

Sem narrador, não existe narração. O narrador pode ser **onisciente**, aquele que não participa da história como personagem (narrador de terceira pessoa), mas tem domínio de tudo o que acontece, ou **personagem-narrador** por ser participante da história, revela-nos a sua versão dos fatos (narrador de primeira pessoa).

Toda petição inicial (ação de alimentos, de divórcio, de separação, de regulamentação de visitas, de reparação por danos morais e/ou materiais, de despejo etc.) necessita da narração dos fatos, pois é um dos requisitos legais, exigidos pelo art. 282 do Código de Processo Civil.

O juiz conhece a lei (principalmente a federal), mas, para aplicá-la ao caso concreto, é imprescindível a exposição dos fatos.

O fator tempo é muito importante nas relações jurídicas, em virtude do instituto da **prescrição**, pois o Direito não "socorre os que dormem".

Quando termina um contrato de emprego, por exemplo, o empregado tem o prazo de DOIS anos para ajuizar a reclamação trabalhista, podendo pleitear as verbas dos últimos cincos anos, contados do ajuizamento da ação, sob pena de ter decretada a prescrição, à luz do art. 7º, inc. XXIX, da CRFB/88.

Por oportuno, registraremos o conceito de **Prescrição**. *Verbis:*

> "A prescrição, numa concepção jurídica moderna, pode ser entendida como a perda de ver reconhecido, em juízo, um direito e não a perda de ação, pois o Judiciário poderá ser acionado a qualquer instante pelo titular do direito." (FREITAS, Christiano Abelardo Fagundes; PAIVA, Léa Cristina Barboza da Silva. *Empregado doméstico* — direitos e deveres. São Paulo: Método, 2006)

DICA DO PROFESSOR:
O texto narrativo é sempre estruturado por verbos de ação. Os versos abaixo, extraídos da música "De repente, Califórnia", de autoria de Lulu Santos, são repletos de verbos que indicam ação.

"(...) O vento beija meus cabelos
As ondas lambem minhas pernas
O sol abraça o meu corpo
Meu coração canta feliz"

O poema abaixo, de minha autoria, intitulado "E agora, Pedrinho", também se classifica como narrativo.

"E AGORA, PEDRINHO?
o Sítio do Picapau Amarelo acabou,
o pique-esconde se escondeu,
o pique-bandeira se encobriu,
o boneco de pano mofou,
o jogo de varetas e o de queimada deram adeus,
a liga da justiça foi para o museu
o balão mágico foi para as nuvens
a bola de gude e o pião, você não jogou
o ioiô e as garrafinhas da Coca-Cola, você não os colecionou
o Super Mouse, seu amigo? O mouse deletou.
e agora, Pedrinho?
e agora, você?
a obesidade chegou,
a glicose subiu,
o colesterol aumentou,
você não chuta a bola,
só faz gol pelo computador
e agora, Pedrinho?
será que ter é mais importante que ser?
pesquisa em grupo é pagar mico?
a "bola" da vez é ctrl c + ctrl v
sinistro: seus pais empurram tanta luta para você."

4.3. Dissertação

A **Dissertação** é a modalidade de texto na qual são apresentadas ideias devidamente estruturadas em argumentos que as ratifiquem. Um texto dissertativo é tripartite, pois possui a seguinte estrutura: *introdução + desenvolvimento + conclusão*.

Existem a dissertação expositiva e a argumentativa, bem como a objetiva e a subjetiva.

A dissertação expositiva, como o próprio nome já sugere, é um tipo de texto em que se expõem as ideias ou os pontos de vista de forma coerente, mas sem a pretensão de persuadir o leitor.

Por sua vez, na dissertação argumentativa, a finalidade é convencer o leitor, persuadi-lo a concordar com a(s) ideia(s) ou o(s) ponto(s) de vista exposto(s). Para alcançar o resultado, o escritor deve utilizar dados, estatísticas, provas, argumento de autoridade, entre outros recursos argumentativos.

Na dissertação objetiva, o autor expõe os argumentos de forma impessoal e objetiva, não se incluindo no texto, o que confere à redação um caráter imparcial. O autor utiliza-se de uma linguagem referencial em terceira pessoa. Na dissertação subjetiva, os argumentos são apresentados de forma pessoal, subjetiva. Há o uso da primeira pessoa.

Na elaboração da dissertação, evite palavras e expressões vulgares, bem como lugares-comuns, chavões e modismos. Evite, por exemplo, os seguintes lugares-comuns: a esperança é a última que morre; agradar a gregos e troianos; arrebentar a boca do balão; botar pra quebrar; botar a boca no trombone; cair como uma luva; chover no molhado; correr atrás do prejuízo; dar com os burros n'água; deitar e rolar; deixar o barco correr solto; devagar se vai ao longe; estar com a bola toda; estar na crista da onda; fazer das tripas coração; fechar com chave de ouro; ir de vento em popa; passar em brancas nuvens; ser a tábua da salvação; segurar com unhas e dentes; ter um lugar ao sol. Fuja também destes modismos: a nível de; no sentido de; "tipo assim"; chocante (como surpreendente); colocação (de assunto ou questão).

No que tange ao texto jurídico, é inegável que as peças processuais (iniciais, contestações, razões finais, memoriais, recursos, réplicas) possuem um caráter argumentativo, pois, por meio delas, pretende-se convencer o interlocutor (o juiz) de que o argumento defendido é o mais justo.

> **DICAS DO PROFESSOR:**
> O texto dissertativo é tripartite, pois possui a seguinte estrutura: introdução, desenvolvimento e conclusão. Portanto não se deve fazer uma dissertação com menos de três parágrafos, para não perder ponto no item "paragrafação".
>
> Somente dê titulo à redação se houver esta exigência na prova do concurso, do vestibular. O título não deve ser centralizado, pois deve começar na marcação dos parágrafos. Deve ser colocado na primeira linha, com a primeira letra maiúscula e o restante em minúsculas. **Não se pula linha entre o título e o texto.**

4.4. A tipologia do texto jurídico

O grande aspecto distintivo do ser humano é a capacidade de convencer e de persuadir os seus semelhantes.

A linguagem corporal (o corpo retórico), a postura e até mesmo a tonalidade da voz muito auxiliam no convencimento, na persuasão, mas isso é possível na argumentação verbal.

No Tribunal do Júri, por exemplo, em que o "discurso emotivo" tem lugar garantido, principalmente por serem os jurados pessoas do povo (sem necessidade de formação jurídica), o profissional do Direito (advogados, defensores públicos, promotores de justiça, assistentes de acusação) deve explorar, também, os recursos citados acima. O discurso deve, pois, seduzir.

Neste momento, azado trazer à baila as palavras de Gabriel Chalita, em *A sedução do discurso. Ipsis litteris:* "No discurso de advogados e promotores no tribunal do júri, cabe tanto o aspecto racional quanto o emocional...".

Em se tratando de texto escrito (e esse é o que nos interessa neste momento), pode ser mais difícil a arte do convencimento, porque não se pode utilizar dos meios supracitados. O único recurso possível é a palavra, por isso a retórica ganha destaque inquestionável.

Estamos convictos de que numa petição inicial, principalmente de processo litigioso, predomina a "argumentação", pois se trata de texto dissertativo com função argumentativa. Numa petição inicial, a narração dos fatos não possui conteúdo meramente informativo, pois é, na essência, um trampolim, isto é, um recurso para estruturar uma argumentação.

Como advogado militante, confesso que, numa petição, a parte informativa não é pura, porquanto "banhada" pela argumentação, pelo desejo de persuadir.

Quando se informa, numa ação de alimentos, que a autora é uma senhora de idade avançada, sem (ou com pouca) instrução escolar, que nunca trabalhou, para poder dedicar-se à prole e ao ex-marido, que possui problemas de saúde, que precisa, por algum motivo, de uma alimentação especial, na verdade, o que se deseja é persuadir o julgador, no que tange à fixação do valor da pensão.

Assim, concluímos este item, registrando que a narrativa dos fatos, em uma petição inicial, possui a função argumentativa.

4.5. A descrição no texto narrativo

A descrição pode ser utilizada como um recurso bastante útil no texto narrativo, para, por exemplo, caracterizar física e/ou psicologicamente uma personagem.

Os elementos descritivos do local de trabalho, em uma reclamação trabalhista, por exemplo, podem caracterizá-lo como inadequado para um menor de 18 anos, pois a legislação em vigor veda o trabalho do menor de 18 anos em ambiente de insalubridade, de periculosidade e no horário noturno. Neste momento, oportuna a lição constante do livro *Curso de Direito Individual do Trabalho* (São Paulo: LTr, 2005. p. 84), escrito em coautoria por mim e pela nobre professora Léa Cristina Barboza da Silva Paiva. *In verbis*:

> "O inciso XXXIII, do art. 7º, da Constituição, proibiu o trabalho noturno, perigoso ou insalubre aos menores de 18 anos e de qualquer trabalho a menores de 16 anos, salvo na condição de aprendiz, a partir de 14 anos.
>
> Entende-se que ficou vedado o trabalho do menor de 16 anos em serviços temporários, na pequena empreitada, no trabalho avulso, no trabalho autônomo, tanto em atividades urbanas como rurais, porque a Norma Ápice fala em qualquer trabalho, salvo na condição de aprendiz."

4.6. A descrição no texto dissertativo

Não temos dúvida de que a descrição também pode ser utilizada no texto dissertativo como um instrumento bastante importante.

Descrever o estado físico em que ficou uma pessoa vítima de um erro médico poderá ajudar até no valor a ser fixado a título de reparação por danos estéticos e morais.

Logo, um texto não é, genuinamente, por exemplo, dissertativo, pois pode conter parágrafos em que haja a narração e a descrição. Deve-se, no momento de classificar um texto quanto à tipologia, analisar o aspecto predominante. A petição inicial, além de conter o caráter argumentativo, certamente, terá parágrafos descritivos e narrativos.

4.7. Dicas do professor

Uma petição inicial deve ser muito bem costurada textualmente, isto é, elaborada, pois limita a atividade do próprio juiz, uma vez que o magistrado não pode, por expressa previsão legal (art. 460 do Código de Processo Civil), julgar além do que foi pedido na inicial. Assim, na sentença, o magistrado julgará o que foi pleiteado na inicial.

Outro aspecto relevante é que, depois da citação do réu, o artigo 264 do Código de Processo Civil disciplina que a inicial só poderá ser alterada com a aquiescência do réu; no entanto, depois do despacho saneador, não é mais possível a alteração dos pedidos ou da causa de pedir, mesmo que o réu concordasse com a alteração (art. 264, parágrafo único, do CPC).

Deve-se também ter a preocupação com as provas necessárias para ratificar o alegado.

4.8. Dicas para o exame da OAB

Entre os critérios levados em consideração pela FGV (Fundação Getúlio Vargas), no momento de avaliar a prova prático-profissional do Exame de Ordem da OAB, podemos destacar:

a) o raciocínio jurídico e a fundamentação consistente;

b) a capacidade de interpretação e de exposição;

c) a correção gramatical;

d) a técnica profissional apresentada.

> **DICAS DO PROFESSOR PARA A 2ª FASE DA OAB**
>
> "(...) 3.5.11. O texto da peça profissional e as respostas às questões discursivas serão avaliados quanto à adequação ao problema apresentado, ao domínio do raciocínio jurídico, à fundamentação e sua consistência, à capacidade de interpretação e exposição e à técnica profissional demonstrada, sendo que a mera transcrição de dispositivos legais, desprovida do raciocínio jurídico, não ensejará pontuação. 3.5.12. As questões da prova prático-profissional poderão ser formuladas de modo que, necessariamente, a resposta reflita a jurisprudência pacificada dos Tribunais Superiores." Texto extraído do Edital de abertura de inscrição, da lavra do Conselho Federal da Ordem dos Advogados do Brasil, em 2015.
>
> O candidato deve estar atento às regras constantes do Edital, sempre acompanhando as respectivas alterações.

Assim sendo, o bacharel que está prestes a submeter-se ao referido exame deve dedicar a atenção devida ao estudo da gramática, bem como ao da elaboração de textos, para que saiba expor os fatos com clareza e coesão.

Lamentavelmente encontramos, em algumas peças processuais, parágrafos com mais de 20 linhas, o que torna o texto confuso e cansativo.

Há dissertações com apenas um parágrafo, quando tal texto deve possuir introdução, desenvolvimento e conclusão, conforme já exposto.

A legibilidade, a paragrafação e o respeito às margens são critérios sempre considerados pelos examinadores.

DICAS DO PROFESSOR PARA A 2ª FASE DA OAB

Além de observar as dicas acima, recomendamos ao candidato inscrito no exame da OAB o seguinte:

a) não deixar de indicar o dispositivo legal pertinente;

b) indicar súmulas e orientações jurisprudenciais relacionadas ao caso analisado;

c) fundamentar a tese defendida com os princípios do Direito, pois estão acima das leis;

d) fazer citação doutrinária e/ou jurisprudencial (discurso de autoridade), porquanto se trata de um recurso muito útil nos textos argumentativos, contribuindo para a persuasão.

4.9. A importância do discurso de autoridade

Na árdua tarefa de defender teses polêmicas, o discurso de autoridade constitui um valioso instrumento de "persuasão" de que se pode valer o advogado (e os demais operadores do Direito). Muito útil, também, para fundamentar as respostas no exame da OAB.

O discurso de autoridade consiste em se utilizar do texto, da fala de um especialista em determinado assunto, para corroborar a tese defendida.

O magistrado também se vale dessa ferramenta, pois é comum, no momento de fundamentar uma decisão, citar o texto de um renomado doutrinador, transcrever ementas etc.

A mestra Mara Cristina Haum Elian, em excelente artigo, intitulado "O raciocínio jurídico" *in Argumentação jurídica*, assim define o argumento de autoridade: "consiste em se valer do prestígio de pessoa conhecida e reconhecida em determinada área do saber para corroborar a afirmação do autor sobre certa matéria. Esse prestígio pode estar ligado não só à força e ao poder de determinados segmentos sociais, mas também à importância que se dá a certas atividades acadêmicas e profissionais."

4.10. Exercício de fixação

1 — Após a leitura do texto abaixo, intitulado "Notícia de jornal", de Luis Reis e Haroldo Barbosa, responda o seguinte:

"Tentou contra a existência
Num barracão
Joana de Tal
Por causa de um tal João.
Depois de medicada,
Retirou-se pro seu lar;
E aí a notícia
Carece de exatidão.
O lar não mais existe,
ninguém volta ao que acabou.
Joana é mais uma mulata triste
que errou
— Errou na dose, errou no amor
Joana errou de João.
Ninguém notou, ninguém morou
na dor que era o seu mal:
— A dor da gente não sai no jornal."

a) Como se classifica quanto à tipologia? Justifique a resposta.

b) Quais os personagens do texto? Quem é o protagonista? Quem é o antagonista?

c) Em que ambiente se desenrolaram os acontecimentos?

d) Esta narração está em primeira pessoa? Justifique.

2 — Leia o texto abaixo, de autoria de Alberto Caeiro, heterônimo de Fernando Pessoa, e depois responda ao seguinte.

"O Tejo é mais belo que o rio que corre pela minha aldeia,
Mas o Tejo não é mais belo que o rio que corre pela minha aldeia
Porque o Tejo não é o rio que corre pela minha aldeia.

O Tejo tem grandes navios
E navega nele ainda,
Para aqueles que veem em tudo o que lá não está,
A memória das naus.

O Tejo desce de Espanha
E o Tejo entra no mar em Portugal.
Toda a gente sabe isso.
Mas poucos sabem qual é o rio da minha aldeia
E para onde ele vai
E donde ele vem.
E por isso porque pertence a menos gente,
É mais livre e maior o rio da minha aldeia.

Pelo Tejo vai-se para o Mundo.
Para além do Tejo há a América
E a fortuna daqueles que a encontram.
Ninguém nunca pensou no que há para além
Do rio da minha aldeia.

O rio da minha aldeia não faz pensar em nada.
Quem está ao pé dele está só ao pé dele."

a) Quantas estrofes possui o poema?

b) Como se classifica quanto à tipologia?

3 — "Nem tudo que reluz é ouro", " cada macaco em seu galho", "santo de casa não faz milagres". Como são chamadas essas expressões de uso corriqueiro e que devem ser evitadas na redação?

(Texto para as questões 4 e 5).

INDO PARA PASÁRGADA

(Christiano Abelardo Fagundes Freitas)

Vou-me "de vez" e maduro romper muros
Entregar-me aos braços de Pasárgada
Pois Lá não há venda de acórdãos e de sentenças
Tampouco criança, pelos pais e pelo Estado, abandonada.

Em Pasárgada, as crianças querem ir à escola
Levam livros e brinquedos na colorida sacola
A verdadeira fome é de "saber"...
Desejam, efetivamente, aprender!

Não há deputados construindo, para si, castelos
Enquanto barganham o voto dos desdentados por chinelos...
Decência e honestidade: verdadeiros elos.

Lá as pessoas gostam de folia e de carnaval
No entanto, sem que isso seja o único cartão-postal!

4. Após a leitura do poema acima, observe as seguintes assertivas:

I — Entre os poderes do Estado, o único criticado, no poema, é o Poder Judiciário.

II — O poema, expressamente, faz uma crítica à supervalorização do futebol pelo brasileiro.

III — O poema registra que as mães não abandonam os filhos, pois só os pais praticam o referido abandono.

É correto afirmar:

a) as três assertivas são verdadeiras;

b) as três assertivas são falsas;

c) apenas a assertiva I é falsa;

d) apenas a assertiva II é verdadeira.

5 — Em qual alternativa abaixo a palavra em caixa alta não foi empregada no sentido conotativo?

a) Entregar-me aos BRAÇOS de Pasárgada;

b) A verdadeira FOME é de "saber"...;

c) Levam LIVROS e brinquedos na colorida sacola;

d) Vou-me "de vez" e maduro romper MUROS.

Gabarito:
1ª questão:
a) Texto narrativo, pois relata um fato. Possui enredo, personagens, ambiente e um narrador.
b) Joana de Tal e João. Aquela é a protagonista; este, o antagonista.
c) Um humilde barracão.
d) Não, pois temos uma narração em terceira pessoa, haja vista que o narrador está fora dos acontecimentos. Esse narrador é considerado onisciente porque tem "ciência de tudo" que ocorre, inclusive dos sentimentos dos personagens.
2ª questão:
a) Cinco estrofes.
b) Trata-se de uma dissertação subjetiva. A introdução está na primeira estrofe; o desenvolvimento está na segunda, terceira e quarta estrofes; a conclusão, na quinta estrofe.
3ª questão: chavões.
4ª questão: "b".
5ª questão: "c".

CAPÍTULO 5

VERBOS JURÍDICOS

Este capítulo foi elaborado, precipuamente, com o intuito de contribuir para ampliar o repertório cultural dos acadêmicos de Direito, sobretudo daqueles que se encontram nos primeiros períodos do curso, bem como contribuir para o sucesso na segunda fase do Exame de Ordem e nos concursos.

Qual a diferença, por exemplo, entre elidir e ilidir? Será que realmente existem esses dois verbos?

Apresentaremos um pequeno rol dos verbos mais empregados na terminologia jurídica: nas petições, nas contestações, nos recursos, nas sentenças etc. São eles:

ab-rogar = revogação total de uma lei, de um decreto.

acarear = colocar frente a frente testemunhas cujos depoimentos estão em desencontro. De acordo com o art. 418, II, do CPC, o juiz pode ordenar, de ofício, a acareação, também, entre a testemunha e a parte.

acionar = ajuizar ação em face de pessoa física ou jurídica.

acordar = realizar acordo, combinar.

adimplir = cumprir, observar um contrato, um acordo, uma obrigação.

adjudicar = declarar, judicialmente, que algo pertence a alguém.

agravar = onerar; interpor agravo.

apenar = aplicar pena.

arrestar = fazer arresto.

arrolar = apresentar o rol, a relação (de bens ou de testemunhas).

autuar = lavrar um auto de infração; reunir, em processo, peças processuais e demais documentos apresentados pelos envolvidos.

averbar = escrever à margem de um documento (averbar, na certidão de casamento, uma separação, um divórcio).

caucionar = dar um bem em garantia, isto é, assegurar com caução.

circundutar = declarar circunduta, ou seja, írrita a citação.

citar = realizar a citação, isto é, informar ao réu que foi ajuizada uma ação em face dele, a fim de que possa apresentar defesa. O conceito legal está no art. 213 do CPC.

comutar = substituir uma pena mais severa por uma mais branda ou reduzir parte da pena. Tem previsão no art. 84, inc. XII, da CRFB/88, sendo ato de competência privativa do presidente da República.

decair = incidir em decadência.

deferir = conceder.

deprecar = juiz de uma comarca solicitar a magistrado de outra comarca que pratique determinado ato, como, por exemplo, citar o réu que esteja sob sua jurisdição.

derrogar = revogação parcial de uma lei, de um decreto.

desaforar = transferir determinado processo de um foro para outro, quando a ordem pública o reclamar (art. 424 do CPP).

desagravar = reparar uma ofensa.

descriminar = inocentar, absolver de um fato típico e antijurídico (crime).

destratar = tratar mal, sem cortesia.

diferir = adiar; ser diferente.

dilapidar = dissipar, esbanjar, malbaratar.

discriminar = fazer distinção (discriminação racial).

distratar = desfazer um acordo.

elidir = eliminar, suprimir.

esbulhar = realizar esbulho (esbulho é a perda total da posse).

estuprar = constranger alguém à conjunção carnal, mediante violência ou grave ameaça.

exarar = consignar de forma escrita (o juiz exarou despacho).

exerdar = sinônimo de deserdar.

extraditar = realizar a extradição.

gravar = onerar um bem.

homologar = confirmar um acordo, por exemplo, o juiz do Trabalho homologou o acordo feito pelas partes.

ilidir = contestar (rebater) fatos e provas.

imitir = permitir a entrada, por exemplo, na posse, ou seja, imissão na posse.

impetrar = apresentar um dos remédios constitucionais: *habeas corpus*, mandado de segurança, mandado de injunção.

impronunciar = juiz rejeitar a denúncia (oferecida pelo Ministério Público) ou a queixa oferecida contra determinado acusado.

inadimplir = o contrário de adimplir; não cumprir obrigação, não efetuar pagamento de dívida contraída.

indiciar = realizar a imputação de um crime.

indultar = conceder indulto a um condenado.

inquerir = apertar a carga de um animal.

inquirir = realizar perguntas a testemunhas.

interditar = promover a interdição de uma pessoa ou de uma obra.

interrogar = realizar perguntas para as partes (art. 343, § 1º, do CPC).

irrogar = atribuir, aplicar, infligir, imputar (O juiz irrogou o delito a uma pessoa inocente.)

lavrar = escrever (lavrar contrato, sentença etc.).

legiferar = elaborar leis, legislar (obs.: a Constituição da República Federativa do Brasil, em seu art. 62, permite ao presidente, ao Poder Executivo, elaborar medidas provisórias).

locar = alugar.

malversar = dilapidar, administrar incorretamente.

manumitir = dar liberdade (manumitir um escravo).

manutenir = manter o gozo de um direito. Ex.: o juiz deferiu o mandado de manutenção da posse.

penalizar = ficar com dó, com compaixão.

pensionar = pagar, conceder pensão.

precluir = direito atingido pela preclusão, isto é, falta da prática de um ato no momento processual oportuno ou prática de ato incompatível.

prevaricar = comportamento de servidor público ao retardar ou praticar, indevidamente, ato de ofício, para satisfazer interesse pessoal. É crime tipificado no art. 319 do CP.

prolatar = proferir, lavrar (prolatar sentença).

purgar = maneira pela qual se extingue uma obrigação pelo respectivo pagamento (purgar a mora, em uma ação de despejo por falta de pagamento dos aluguéis).

rabular = exercer a advocacia sem estar inscrito nos quadros da OAB.

reconvir = medida judicial pela qual o réu, no mesmo processo, em peça chamada reconvenção, faz um contra-ataque ao autor. Está prevista no art. 315 do CPC.

redibir = rescindir o contrato ou pleitear abatimento no preço, pelo fato de a coisa adquirida, por meio de contrato bilateral, possuir um vício redibitório (oculto) que a torne imprópria ao uso a que se destina ou lhe diminua o valor (art. 441 do CC).

reincidir = praticar outro crime, depois do trânsito em julgado de uma sentença criminal condenatória. Circunstância que agrava a pena.

remir = pagar (remição da dívida).

remitir = perdão (remissão da dívida).

repristinar = revogação de uma lei revogadora.

retirratificar = ato pelo qual em um só instrumento, por questão de economia processual, o interessado confirma e retifica as declarações contidas em documento anterior. No cotidiano forense, usa-se a expressão re-ratificar, com o que discordamos, pois essa expressão significa ratificar (confirmar) novamente.

rescindir = pôr fim a um contrato (rescisão contratual), por motivo de nulidade.

resilir = terminar um negócio jurídico (um contrato de trabalho, por exemplo) por vontade de uma ou de ambas as partes.

resolver = praticar o resolução, isto é, desfazer um contrato por culpa (de um ou de ambos os contratantes).

ressarcir = reparar o prejuízo causado, indenizar.

retrovender = cláusula especial do contrato de compra e venda, pelo qual o vendedor reserva-se o direito de reaver o imóvel que alienou, em certo prazo, restituindo ao comprador o preço e as despesas feitas (art. 505 do CC). A retrovenda só pode ter por objeto bens imóveis, e o prazo máximo para o exercício do resgate é de três anos.

revogar = retirar a eficácia de lei, de decreto. A revogação pode ser total (ab-rogação) ou parcial (derrogação).

sancionar = aprovação de lei. Este verbo pode assumir valor oposto ao primeiro, isto é, pode significar, também, impor sanção.

sanear = expurgar falhas (obs.: depois do saneamento do processo, mesmo com a aquiescência do réu, o autor não poderá alterar a petição inicial).

substabelecer = transferir a outrem os poderes constantes do mandato (obs.: o substabelecimento pode ser com ou sem reserva de poderes).

tergiversar = defender, na mesma ação, partes contrárias.

testar = fazer testamento.

turbar = criar embaraços em direito alheio (turbar a posse).

usucapir = adquirir a propriedade de bem móvel ou imóvel pela usucapião.

viger = estar em vigência (uma lei, por exemplo).

vilipendiar = tratar, por palavra, por escrito ou por gesto, com ultraje, com desprezo (vilipendiar cadáver ou suas cinzas, art. 212 do Código Penal)

DICAS DO PROFESSOR:
Não confundir, principalmente na prova da OAB, o emprego dos verbos elidir/ilidir, apenar/penalizar.

5.1. Exercícios

1) Assinale a alternativa com erro:

a) Sanear = eliminar as falhas;

b) Locar = alugar;

c) Substabelecer = transferir poderes;

d) Elidir = contestar fatos.

2) Assinale a alternativa com erro:

a) Derrogar = revogação total;

b) Testar = fazer testamento;

c) Destratar = tratar mal;

d) Distratar = desfazer um trato;

e) Esbulhar = praticar esbulho.

Gabarito: 1) "d"; 2) "a".

CAPÍTULO 6

TÉCNICAS DE ELABORAÇÃO DO PARECER

O Exame da OAB já exigiu, na prova da 2ª fase, a elaboração de um parecer. Assim sendo, de forma simples, apresentaremos as partes que compõem o parecer, para, logo em seguida, registrarmos o modelo.

O parecer tem a seguinte estrutura: EMENTA — RELATÓRIO — FUNDAMENTAÇÃO — CONCLUSÃO e PARTE AUTENTICATIVA.

Ementa = que é, na essência, um resumo técnico, composto de, no máximo, oito linhas, colocado à margem direita.

Relatório = o parecerista deve detalhar: *quem, quando, onde, como, por que*, ou seja, fazer a apresentação dos fatos de forma exaustiva.

Obs.: recomendamos a elaboração de parágrafos curtos.

É de praxe terminar o relatório com a expressão: "Eis o relatório."

Fundamentação = é a parte argumentativa do parecer. O parecerista deve registrar os argumentos (provas, fatos) que sustentam o seu ponto de vista. O parecerista pode utilizar recursos polifônicos, como citar uma doutrina, uma ementa etc.

Conclusão = corresponde ao ponto de vista do parecerista. É a apresentação de uma sugestão, de uma solução. Geralmente, começa-se assim: Pelo exposto, sugere-se... ou Diante do exposto, sugere-se... ou Pelo fio do exposto, sugere-se...

Obs.:1 — a conclusão pode ser una ou múltipla.

Obs.: 2 — evite o uso de verbos e de pronomes de primeira pessoa.

Sugerimos terminar com: "Eis o parecer, salvo melhor juízo."

Parte autenticativa = *o nome e o endereço profissional do parecerista.*

Obs.: em se tratando de prova da OAB, atenção ao nome e ao número da inscrição do advogado, constantes da questão, pois não se pode inventar números.

Data e assinatura.

6.1. Modelo de parecer

Agora, um estudo de caso e o respectivo parecer.

(ESTUDO DE CASO) Mário José da Fonseca, residente em Campos dos Goytacazes, foi contratado pela Empresa XYZ, em 10.01.2009, para exercer o ofício de advogado, regido pela CLT, atuando nas áreas cível e trabalhista na cidade de Macaé, pelo qual recebe o salário, mensal, da ordem de R$ 6.005,00. O senhor Mário não recebeu o salário dos seguintes meses: janeiro, março e agosto de 2013. Recentemente, ao conversar com outro colega, que exerce a mesma função na empresa desde 2004, chamado Antônio Xavier, soube que este recebe, mensalmente, o salário de R$ 8.780,00, para desenvolver a mesma atividade de Mário. Informa, ainda, que tem dois filhos, com idades de 9 e 11 anos, mas não recebeu salário-família. Ante todo o exposto, Mário deseja saber o seguinte: 1) se pode ajuizar uma reclamação trabalhista pleiteando a rescisão indireta do contrato de trabalho; 2) se é obrigado a continuar laborando para a empresa, durante a tramitação da reclamação trabalhista; 3) qual o foro competente para o ajuizamento da reclamação trabalhista; 4) se pleiteando a rescisão indireta fará jus ao aviso--prévio, ao levantamento imediato do FGTS e à indenização de 40% sobre os depósitos; 5) se terá direito ao seguro-desemprego; 6) se pode pleitear, com chance de êxito, a indenização relativa ao salário-família; 7) se pode postular a equiparação salarial, mesmo em se tratando de um trabalho intelectual.

Parecer

EMENTA: FORO COMPETENTE: LOCAL DA PRESTAÇÃO DE SERVIÇO. DESCUMPRIMENTO PATRONAL DAS OBRIGAÇÕES CONTRATUAIS. RESCISÃO INDIRETA. EQUIPARAÇÃO SALARIAL EM TRABALHO INTELECTUAL: POSSIBILIDADE. VERBAS SEMELHANTES ÀS DA DISPENSA SEM JUSTA CAUSA.

Relatório

Mário José Fonseca, residente em Campos dos Goytacazes, foi contratado pela Empresa XYZ, em 10.01.2009, para exercer a função de advogado, regido pela CLT.

Mário foi contratado para atuar nas áreas cível e trabalhista, na cidade de Macaé, pelo que recebia, mensalmente, salário equivalente a R$ 6.005,00 (seis mil e cinco reais). Não recebeu o salário dos meses de janeiro, de março e de agosto de 2013.

Recentemente, Mário descobriu que um colega de serviço, Antônio Xavier, que exerce a mesma função desde 2004, na empresa XYZ, recebe salário mensal da ordem de R$ 8.780,00.

Mário tem dois filhos, com idades de 9 e 11 anos, mas não recebeu salário-família.

Fundamentação

De acordo com o art. 483, "d", da CLT, o empregado pode pleitear a rescisão indireta quando o empregador não cumprir as obrigações contratuais. À luz do Decreto-Lei n. 368/68, art. 2º, § 1º, certifica-se que, para o pedido de rescisão indireta, por falta de pagamento de salário, deve a mora ser de período igual ou superior a três meses, *in verbis:*

> Art. 2º A empresa em mora contumaz relativamente a salários não poderá, além no disposto no art. 1º, ser favorecida com qualquer benefício de natureza fiscal, tributária, ou financeira, por parte de órgãos da União, dos Estados ou dos Municípios ou de que estes participem.
>
> § 1º Considera-se mora contumaz o atraso ou sonegação de salários devidos a seus empregados, por período igual ou superior a três meses, sem motivo grave e relevante, excluídas as causas pertinentes aos riscos do empreendimento.

O § 3º do art. 483 da CLT determina que, quando a rescisão indireta fulcrar-se na alínea "d" do artigo supracitado, poderá o empregado deixar de laborar durante a tramitação do processo.

O art. 651, *caput*, da CLT, fixa a regra de competência, ao determinar que "A competência das Varas do Trabalho é determinada pela localidade onde o empregado, reclamante ou reclamado, prestar serviços ao empregador, ainda que tenha sido contratado noutro local ou no estrangeiro".

O art. 487, § 4º, da CLT reza que "É devido o aviso-prévio na despedida indireta". Nesta modalidade de terminação do vínculo empregatício são devidos todos os direitos inerentes a uma dispensa sem justa causa.

Prescreve a Súmula n. 389, II, do TST que "O não fornecimento pelo empregador da guia necessária para o recebimento do seguro-desemprego dá origem ao direito à indenização".

A Carta Política, em seu art. 7º, inc. XII, determina que é direito do trabalhador urbano e rural o "salário-família pago em razão do dependente do trabalhador de baixa renda nos termos da Lei".

A Súmula n. 6, VII, do TST assevera que, "Desde que atendidos os requisitos do art. 461 da CLT, é possível a equiparação salarial de trabalho intelectual, que pode ser avaliado por sua perfeição técnica, cuja aferição terá critérios objetivos". Por seu turno, o art. 461, §1º, da CLT prescreve que entre paradigma (modelo, aquele que recebe maior salário) e paragonado (o que pretende a equiparação) não poder haver diferença na função superior a dois anos.

Conclusão

Pelo exposto, certifica-se que Mário José da Fonseca possui amparo legal para a propositura de reclamação trabalhista, na cidade de Macaé (RJ), pleiteando a dispensa indireta, sem que fique obrigado a laborar durante a tramitação processual.

Ajuizando a referida ação, são cabíveis os pleitos de aviso-prévio proporcional ao tempo de serviço (Súmula n. 441 do TST); levantamento imediato do FGTS e respectiva indenização de 40% sobre o valor total devido, bem como todas as outras verbas devidas quando de uma dispensa sem justa causa.

Sugere-se que seja pleiteado o seguro-desemprego se o consulente não tiver outra renda. Como não observado o requisito temporal exigido pelo art. 461, § 1º, da CLT, sugere-se que não seja pleiteada a equiparação salarial.

Com relação ao salário-família, como não se trata de um trabalhador de baixa renda, à luz da legislação, não se aconselha o pleito do referido benefício.

Eis o parecer, salvo melhor juízo.

Parte autenticativa

Obs.: colocar o nome e o número da OAB, constantes da prova, bem como informar o endereço profissional do parecerista.

Sugestão: escrever o nome do parecerista em caixa alta.

6.2. Exercício

1) Assinale a alternativa incorreta.

a) A conclusão de um parecer pode ser múltipla.

b) A fundamentação é a parte argumentativa do parecer.

c) Não se pode citar dispositivo legal em um parecer.

d) A ementa é parte de um parecer.

Gabarito: "c"

CAPÍTULO 7

ASPECTOS LINGUÍSTICOS DA PETIÇÃO INICIAL

Os requisitos da petição inicial estão arrolados no art. 282 do Código de Processo Civil brasileiro. A petição inicial também é denominada de peça vestibular, peça exordial e peça gênese.

Para o Estado-juiz exercer a jurisdição, é necessário que seja provocado pela parte interessada, como prescreve o art. 2º, do CPC, *verbis:* "Nenhum juiz prestará a tutela jurisdicional senão quando a parte ou o interessado a requerer, nos casos e forma legais." Trata-se do princípio da inércia da jurisdição. Provoca-se o Estado-juiz por meio de uma petição inicial, que é o instrumento da demanda judicial. Existem poucas exceções ao princípio da inércia, como as previstas no art. 989, do CPC; art. 878, da CLT; art. 654, § 2º, do CPP.

A petição inicial é uma petição formal, com requisitos que devem ser observados pelo autor, constantes do art. 282, do CPC. No novo CPC, os requisitos estão no art. 319.

> Art. 282. A petição inicial indicará:
>
> I — o juiz ou tribunal, a que é dirigida;
>
> II — os nomes, prenomes, estado civil, profissão, domicílio e residência do autor e do réu;
>
> III — o fato e os fundamentos jurídicos do pedido;
>
> IV — o pedido, com suas especificações;
>
> V — o valor da causa;
>
> VI — as provas com que o autor pretende demonstrar a verdade dos fatos alegados;
>
> VII — o requerimento para a citação do réu.

Agora, passaremos a tecer breves comentários acerca dos requisitos da petição inicial.

No que tange ao inciso I, ou seja, o vocativo da inicial, recomendamos que não haja o emprego do feminino, pois a juíza pode estar de férias, ser promovida, ser removida, falecer etc. Assim, deve ser usado o masculino. Ex.: Excelentíssimo Senhor Doutor Juiz de Direito da Vara de Família da Comarca de Campos dos Goytacazes (RJ). Há uma grande atecnia na redação desse inciso, porque a petição inicial não indicará o juiz, mas, sim, o Juízo a que é dirigida. Tanto assim o é que, na parte final do referido inciso, o legislador, agora de forma correta, usou "tribunal" e não a expressão "desembargador". O novo CPC, no art. 319, I, retifica esse equívoco.

Entendemos que a unidade federativa deve ser colocada entre parênteses. Como se trata de vocativo, não se deve colocar ponto-final depois da unidade federativa. Deve-se usar dois-pontos ou vírgula.

O inciso II exige a qualificação completa, bem como a indicação do domicílio e da residência das partes. Caso o autor não saiba o endereço do réu, a lei lhe permite requerer a citação por edital, a fim de lhe assegurar o direito de ação, plasmado na CRFB/88, art. 5º, inc. XXXV. Em se tratando de reclamação trabalhista, necessário informar também o dia, o mês e o ano do nascimento do reclamante, o nome da mãe deste, o número da CTPS e do PIS, além do CPF e da Carteira de Identidade.

Importante dizer que quem reside reside "em" algum lugar, portanto é incorreta a expressão "residente e domiciliado" à Rua. Use, pois, residente e domiciliado "na" (em + a) rua.

Entre o inciso I e o II, deve-se deixar um espaço de, aproximadamente, 10 centímetros, pois pode haver a necessidade de despachar pessoalmente com o juiz e, nos casos de processos ainda físicos, é frequente a utilização desse espaço para o despacho. Nos processos eletrônicos, também deve existir o referido espaço, por questão de estética.

Não se pode esquecer de que a ação é ajuizada "em face do" réu e não "contra" o réu. A ação é ajuizada contra o Estado, que é o detentor da jurisdição. A este cabe realizar a citação do réu, para, caso queira, apresentar defesa.

O inciso III exige a exposição do fato e os fundamentos jurídicos do pedido. No momento de expor os fatos, o advogado deve ser objetivo, apresentar parágrafos curtos e elaborar um texto com coesão e coerência.

Não se deve confundir fundamento jurídico com fundamento legal. Aquele é requisito indispensável da petição inicial; este, como regra, não, pois o magistrado deve conhecer a lei federal. De acordo com o art. 337, do CPC, "A parte que alegar direito municipal, estadual, estrangeiro ou consuetudinário, provar-lhe-á o teor e a vigência, se assim o determinar o juiz." Nessa toada, a seguinte ementa:

> "Não se confunde 'fundamento jurídico' com 'fundamento legal', sendo aquele imprescindível e este dispensável, em respeito ao Princípio 'iura novit curia' (o juiz conhece o direito)" (STJ, REsp 477.415/PE, Rel. Min. José Delgado, 1ª Turma, DJ 09.06.2003).

Havendo litígio, as partes serão, no processo civil, denominadas autor e réu. Quando não há conflito de interesse, isto é, quando se trata de jurisdição voluntária, deve-se usar o termo requerente.

No Processo do Trabalho, como se depreende do artigo 840, § 1º, da CLT, as partes são chamadas de reclamante (o autor) e de reclamado (o réu). Na ação de inquérito para apuração de falta grave de empregado estável, as partes são chamadas de requerente (o empregador) e de requerido (o empregado). No dissídio coletivo, as partes recebem o nome de suscitante e de suscitado.

O inciso IV exige o pedido e suas especificações. O pedido está intimamente relacionado aos fatos narrados e ao fundamento jurídico.

O pedido deve ser formulado com clareza e com precisão, pois é ele que define a lide. Prescreve o art. 293, do CPC, que "Os pedidos são interpretados restritivamente, compreendendo-se, entretanto, no principal os juros legais". Os pedidos de juros legais, correção monetária e honorários advocatícios sucumbenciais são considerados pedidos implícitos, por isso, quando deferidos na sentença cível, sem requerimento da parte autora, não fica caracterizado vício no julgado.

Quanto aos juros legais, a ementa abaixo ratifica o nosso entendimento, *verbis:*

"Os juros legais são acessórios do principal, motivo pelo qual, embora omisso o pedido inicial ou a sentença condenatória, consideram-se implícitos e devem ser incluídos na conta de liquidação, ainda que homologado cálculo anterior, não implicando esta inclusão em ofensa à coisa julgada." (STJ, Resp 402724/SP, Rel. Min. Luis Felipe Salomão, 4ª Turma, Dje 19.04.2010)

Não é técnico pedir a procedência da ação, pois a ação é um direito constitucional, garantido no art. 5º, inc. XXXV. Pode-se usar a expressão "a procedência dos pedidos", que, na verdade, também não é necessária, pois tal pleito já fica subentendido nos demais.

O inciso V exige o valor da causa. Caso o advogado se esqueça de pô-lo, o juiz determinará que seja emendada a peça vestibular.

O valor da causa é de suma importância, pois, por exemplo, determina o procedimento sumário no Processo Civil (art. 275 do CPC) e o sumaríssimo no Processo do Trabalho (art. 852-A da CLT); limita a possibilidade de recursos no Processo do Trabalho, à luz da Lei n. 5.584/70; define a competência de Varas especializadas (juizados especiais cíveis, Lei n. 9.099/95); é levado, às vezes, em conta na fixação dos honorários advocatícios etc.

Para ilustrar, o art. 259, VI, do CPC prescreve que nas ações de alimento o valor da causa corresponde a 12 (doze) vezes o valor do pedido.

A Súmula n. 449 do Supremo Tribunal Federal assevera que "o valor da causa na consignatória de aluguel corresponde a uma anuidade". Ocorrendo o mesmo na ação de despejo (art. 58, III, da Lei n. 8.245/91).

Nas causas ajuizadas nos juizados especiais cíveis, cujo valor da causa não exceda a 20 (vinte) salários mínimos, a assistência por advogado torna-se facultativa, haja vista que a parte autora pode exercer nessa hipótese o *ius postulandi*, como se depreende do art. 9º, da Lei n. 9.099/95, *in verbis*: "Nas causas de valor até 20 (vinte) salários mínimos, as partes comparecerão pessoalmente, podendo ser assistidas por advogado; nas de valor superior, a assistência é obrigatória." Para recorrer das sentenças proferidas pelos juizados especiais cíveis, a assistência por advogado torna-se obrigatória, independentemente do valor que fora atribuído à causa, inteligência do § 2º, do artigo 41, da Lei n. 9.099/95.

O sexto requisito da petição inicial é o requerimento de provas. No momento de requerer provas, não se deve usar o verbo protestar, uma vez que petição inicial não é o lugar para se fazer protestos. Deve-se "requerer" a produção de provas.

O sétimo requisito é o requerimento para a citação do réu. Trata-se de requisito importantíssimo, pois, caso não seja feito, o juiz determinará que seja emendada a peça vestibular (art. 284 CPC).

No Processo do Trabalho, usa-se a expressão "notificação" do reclamado. Neste ramo especializado do Direito, o requisito em tela não tem a mesma importância, pois a notificação é feita pela secretaria da Vara do Trabalho (art. 841 da CLT). Logo, no Processo do Trabalho, a reclamação trabalhista não será emendada para tal finalidade.

Faremos um breve comentário quanto ao NOMEN JURIS (DENOMINAÇÃO JURÍDICA) da ação.

Não é nada técnico usar, por exemplo, a expressão "ação ordinária" de cobrança, porque não é a ação que é ordinária. O procedimento é que pode ser o ordinário. Neste sentido, a lição do magistrado Ézio Luiz Pereira, professor de Direito Processual Civil da EMERJ, *in Da Petição Inicial*. 2. ed. São Paulo: Edijur, 2003. p. 49, v*erbis*:

> "É atécnico, entretanto, a denominação: 'ação ordinária de...' Não existe 'ação ordinária'. O que existe é ação dentro de um processo que tramita pelo procedimento (rito) ordinário. É completamente diferente. Não é de boa técnica denominar a ação pelo ritual (**iter procedimental**). Este é mais um dos equívocos consagrados na prática forense, a ponto de diversos livros, que tratam da petição inicial, recomendar o uso da erronia, **data venia**."

O nome da ação não consta do rol do artigo 282, do CPC, logo não se trata de requisito indispensável, cuja ausência conduza à inépcia da exordial. Assim se posiciona a jurisprudência do Superior Tribunal de Justiça, *in verbis*:

"Não é inepta a inicial que descreve situação fática (pedido e causa de pedir) diversa do nome dado à ação, porquanto o que sobreleva é o brocardo *narra mihi factum dabo tibi jus*, notadamente se, como ocorre na espécie, há plena possibilidade de o réu se defender, conforme assegurado pela sentença e pelo acórdão recorrido" (STJ, Resp 710.651/SE, Rel. Min. Fernando Gonçalves, 4ª Turma, DJ 17.10.2005)

"O nome atribuído à ação é irrelevante para a aferição da sua natureza jurídica, que tem a sua definição com base no pedido e na causa de pedir, aspectos decisivos para a definição da natureza da ação proposta. Precedentes" (STJ, Resp 509.300/SC, Rel. Min. Humberto Gomes de Barros, 3ª Turma, DJ 05.09.2005)

Em se tratando do Exame da OAB, a indicação correta da peça prática é indispensável, conforme item 4.2.6 e 4.2.6.1, do Edital, *in verbis:*

"4.2.6. Nos casos de propositura de peça inadequada para a solução do problema proposto, considerando para este fim peça que não esteja exclusivamente em conformidade com a solução técnica indicada no padrão de resposta da prova, ou de apresentação de resposta incoerente com situação proposta ou de ausência de texto, o examinando receberá nota ZERO na redação da peça profissional ou na questão.

4.2.6.1. A indicação correta da peça prática é verificada *no nomem iuris* da peça concomitantemente com o correto e completo fundamento legal usado para justificar tecnicamente a escolha feita."

Um erro gramatical comum nas petições está relacionado ao uso do pronome demonstrativo. Encontra-se, com frequência, a seguinte expressao: "Isto posto, requer...". Deve-se colocar o verbo na frente do pronome, e também usar o pronome "isso". Assim, a expressão correta é a seguinte: Posto isso, requer a Vossa Excelência...

Por que afirmamos que o pronome adequado é isso (e não isto)? Passaremos a explicar abaixo.

Os pronomes demonstrativos podem indicar aquilo que ainda vai ser falado, bem como aquilo que já foi dito.

Devemos empregar este (e variações) e isto quando queremos fazer referência a alguma coisa que ainda será falada. Ex.: Estes são os princípios do Direito do Trabalho: protecionista, irrenunciabilidade de direitos, primazia da realidade e vedação da alteração prejudicial.

Empregamos esse (e variações) e isso quando queremos fazer referência a alguma coisa que já foi falada. Ex.: protecionista, irrenunciabilidade de direitos, primazia da realidade e vedação da alteração prejudicial; esses são os princípios do Direito do Trabalho.

Pelo exposto acima, conclui-se que no final da petição deve-se escrever o seguinte: nesses (e não nestes) termos, pede deferimento.

Importante, ainda, recordar que não se deve esquecer de colocar o ponto-final depois do local e da data. Por exemplo: Campos dos Goytacazes, 28 de outubro de 2009.

Nobre leitor, válido lembrar que os meses do ano são grafados com letra minúscula e que entre o local e a data usa-se vírgula. Ex.: Campos dos Goytacazes, 28 de março de 2013.

O processo eletrônico já é uma realidade no país, estando presente em diversas cidades. A tendência é que todos os processos sejam eletrônicos, independentemente, do órgão do judiciário.

Em consonância com o artigo 18, § 1º, da Resolução n. 136/2014, do Conselho Superior da Justiça do Trabalho (CSJT), as iniciais trabalhistas devem ser enviadas no formato PDF-A, em decorrência do PJe.

Cometer desvios gramaticais, certamente, irá comprometer a nota do candidato no quesito "correção gramatical" no exame da OAB. Existem equívocos que são corriqueiros nos textos jurídicos, tais como:

a) O reclamante e o reclamado fizeram um acordo amigável. Trata-se de uma redundância;

b) A jornada diária do reclamante é de oito horas. Outra redundância;

c) A cônjuge mulher não quer ajuizar a ação. (Cônjuge é um substantivo sobrecomum; logo a diferença de gênero não é feita por artigos ou outros determinantes, que são invariáveis);

d) O reclamante requer a juntada do seu último contra-cheque. (Não há o hífen nesta expressão, devendo ela ser grafada da seguinte forma: contracheque. Quando o prefixo termina com vogal (contra), usa-se o hífen se a palavra seguinte começar com a mesma vogal);

e) O intervalo inter-jornada é de, no mínimo, onze horas, à luz da CLT. (A grafia correta é interjornada, pois, quando o prefixo termina com consoante (inter), usa-se o hífen se o segundo elemento começar com a mesma consoante);

f) Requer a realização de perícia nos CD's. O plural de siglas é feito com o acréscimo de um "s" minúsculo, sem o uso de apóstrofo. Escreva, pois, CDs;

g) Constam do inventário casas germinadas. O certo é dizer casas "geminadas" (sem "r"). Devemos nos lembrar da palavra "gêmeos";

h) empregador não fez a gorgeta constar da remuneração do reclamante. A palavra deve ser grafada com "j": gorjeta. Outras palavras grafadas com "j" : berinjela, cafajeste, canjica, jenipapo, jiboia, jiló, laje, majestade, ojeriza, sarjeta e ultraje;

i) Ele não recebeu a hora-extra. Não há hífen: hora extra;

j) Ele foi ofendido haja visto a atitude do empregador. A locução é haja vista (feminino);

k) O referido acidente deixou cinco vítimas fatais. O que é fatal (mortífero) é um acidente, uma batida, uma queda, um golpe etc. O referido acidente deixou cinco mortos;

l) O delegado disse que precisa de maiores informações. Como não se trata de tamanho, mas de "quantidade" de informações, o certo é dizer que o delegado precisa de mais informações;

m) O reclamante iniciava as atividades na empresa às 8hs. A abreviatura de hora não tem plural. Escreve-se, pois, às 8h;

n) O acidente não tem nada haver com o local de labor. O certo é dizer que o acidente não tem nada "que ver" (ou "a ver") com o local de labor;

o) As testemunhas ficaram frente à frente. Não se usa o acento grave diante de palavras repetidas. As testemunhas ficaram frente a frente;

p) Começava a trabalhar à partir das 10h. Não há "crase" antes de verbo no infinitivo;

q) Segundo o Ministério Público, havia um agravante. Agravante e atenuante são palavras do gênero feminino;

r) Ele disse que não pagará a conta porque o peixe estava com espinhos. O caso é, realmente, sério, pois peixe tem espinha;

s) A autora vive às custas do réu. Custas, no plural, são as despesas judiciais. Por isso, deve-se dizer que a autora vive à custa (no singular) do réu;

t) Esse comportamento do réu tornou-se um ciclo vicioso. O correto é círculo vicioso;

u) O juiz acaria as testemunhas com muita frequência. O correto é o juiz acareia. Lembre-se o juiz "nomeia" perito, logo ele "acareia" testemunhas.

DICA DO PROFESSOR:

Eu nomeio, eu freio, logo eu ACAREIO.
O juiz nomeia, freia, logo o juiz ACAREIA.
O juiz nomeou, freou, logo o juiz ACAREOU.

7.1. Exercício

1) Assinale a alternativa correta.

a) O acidente deixou cinco vítimas fatais.

b) O peixe tinha espinhos.

c) A jornada de trabalho começa às 8 Hrs.

d) O trabalhador guarda os contracheques.

2) Assinale a alternativa correta.

a) A CLT disciplina o intervalo interjornada.

b) O réu vive as custas da autora.

c) À partir do próximo mês, haverá um reajuste salarial.

d) O juiz colocou as partes cara à cara.

Gabarito:
1) "d"; 2) "a"

> **DICA DO PROFESSOR:**
> Além dos requisitos constantes do artigo 282 do CPC, é preciso observar o art. 39, I, do CPC.

CAPÍTULO 8

MODELOS DE PETIÇÕES INICIAIS

Vimos, no capítulo anterior, alguns aspectos linguísticos da petição inicial. Agora, com o desiderato de promover um diálogo entre os assuntos analisados em capítulos anteriores (homônimos, parônimos, tipologia textual, verbos jurídicos etc.), vamos registrar modelos de algumas petições iniciais.

Antes de apresentarmos as petições iniciais, registraremos o modelo de uma procuração, de um substabelecimento e de uma declaração de hipossuficiência econômica.

8.1. Procuração

PROCURAÇÃO

Por este instrumento particular de mandato, **EDMILSON MARIA NUNES RAMALHO**, brasileiro, casado, servidor público estadual, portador da CI RG n. XXX, inscrito no CPF sob o n. XXX, residente e domiciliado na Rua Cecília Meireles, 76, Condomínio Machado de Assis, Parque Literário, CEP n. XXX, Campos dos Goytacazes (RJ), nomeia e constitui seus bastantes procuradores os advogados Dr. Christiano Abelardo Fagundes Freitas, inscrito na OAB/RJ sob o n. 117.085, e Dra. Léa Cristina Barboza da Silva Paiva, inscrita na OAB/RJ sob o n. 56.065, ambos com escritório na Avenida Alberto Torres, 311, sala 301, Centro, Campos dos Goytacazes (RJ), outorgando-lhes poderes para proporem AÇÃO DE REPARAÇÃO POR DANOS MORAIS C/C INDENIZAÇÃO POR DANOS MATERIAIS em face de XYZ LTDA., podendo, inclusive, substabelecerem com ou sem reserva de poderes, receber e dar quitação, acordar, bem como recorrer até a instância final.

Para tanto, firma a presente.

(local e data)

EDMILSON MARIA NUNES RAMALHO

8.2. Substabelecimento

SUBSTABELECIMENTO COM RESERVA

CHRISTIANO ABELARDO FAGUNDES FREITAS, advogado inscrito na OAB/RJ sob o n. 117.085, com escritório na Avenida Alberto Torres, 311, sala 301, Centro, Campos dos Goytacazes (RJ), substabelece, com reserva, os poderes que lhe foram outorgados por ULPIANO JUSTINIANO, nos autos do processo n. 0003279-91.2014.8.19.0014 (em trâmite pela 3ª Vara de Família da Comarca de Campos), para a advogada Dra. Léa Cristina Barboza da Silva Paiva, inscrita na OAB/RJ sob o n. 56.065, com escritório na Avenida Alberto Torres, 311, sala 301, Centro, Campos dos Goytacazes (RJ).

Local e data.

Christiano Abelardo Fagundes Freitas
OAB/RJ 117.085

8.3. Declaração de hipossuficiência

MANOEL GONÇALVES DA SILVA, brasileiro, casado, motorista, portador da Carteira de Identidade n. XXX e inscrito no CPF sob o n. XXX, residente e domiciliado na Avenida XXX, Campos dos Goytacazes (RJ), DECLARA, com fulcro na Lei n. 1.060/50, que não possui condições financeiras de arcar com o pagamento das custas e dos honorários advocatícios sem prejuízo do sustento próprio.

Local e data.

Manoel Gonçalves da Silva

8.4. Ação de alimentos

Na ação de alimentos, a argumentação tem de ser muito bem trabalhada, pois o juiz fixará o valor da pensão, observando o binômio *necessidade* (de quem pede) e *possibilidade* (de quem dará os alimentos).

Outro aspecto importante é o valor da causa. Na ação de alimentos, por expressa previsão legal (art. 259, inc. VI, do CPC), o valor da causa corresponderá a doze vezes o valor pleiteado a título de alimentos.

EXCELENTÍSSIMO SENHOR DOUTOR JUIZ DE DIREITO DA VARA DE FAMÍLIA DA COMARCA DE CAMPOS DOS GOYTACAZES (RJ):

(deixar aproximadamente 10 centímetros)

LUCAS CAETANO CHAGAS, menor, absolutamente incapaz, pela idade, neste ato, representado por sua genitora CLARICE CAETANO CHAGAS, brasileira, casada, auxiliar operacional, inscrita no CPF sob o n. XXX, portadora da carteira de identidade n. XXX, residente e domiciliada na Rua Clarice Conceição Franco Pessanha, 92, Pecuária, Campos dos Goytacazes (RJ), vem, mui respeitosamente, à presença de V. Exa., por meio do advogado abaixo assinado, com escritório na Rua Fátima Cristina Fagundes Freitas, 100, ajuizar

AÇÃO DE ALIMENTOS

em face de ROBERTO CARLOS NOGUEIRA CHAGAS, brasileiro, casado, mecânico, residente e domiciliado na Rua Afrânio Gualda, 6, Amendoeira, São Gonçalo, Rio de Janeiro, CEP XXX, com supedâneo nos fatos abaixo.

Dos fatos e dos fundamentos jurídicos

Excelência, o autor é filho do réu e, conquanto este possa contribuir para o sustento daquele, não vem procedendo dessa maneira.

Necessário trazer à baila que a representante legal do autor e o réu casaram-se em 24 de fevereiro de 2004, estando separados, de fato, há cerca de três anos, oportunidade em que o réu mudou-se de Campos e deixou de dar a atenção devida ao autor.

O autor nasceu em 25 de março de 2012 e possui sérios problemas de saúde, conforme os diversos documentos inclusos. Mesmo assim, o réu apresenta-se insensível, tendo o autor de requerer a prestação da tutela jurisdicional para receber alimentos do réu.

O autor sofre de crises convulsivas e de sérios problemas na coluna, conforme declaração fornecida pelo nobre ortopedista Renato Cardoso Paiva.

Mormente pelos diversos problemas de saúde, o autor precisa de uma alimentação rica em frutas, verduras e legumes, mas, em virtude da conduta "reprovável" perpetrada pelo réu, vem aquele passando por muitas privações, tendo assim o seu tratamento médico comprometido!

Mister trazer à baila que o réu é um excelente profissional, possuindo uma clientela considerável, pois é um dos melhores mecânicos da cidade em que atua, tendo, por mês, uma renda de R$ 5.000,00 (cinco mil reais).

Dos pedidos

Ante o exposto, requer a Vossa Excelência:

a) os benefícios da gratuidade de justiça, com fulcro na Lei n. 1.060/50, uma vez que não possui condições financeiras de arcar com o pagamento de custas e de honorários advocatícios, sem prejuízo do sustento próprio, em consonância com declaração inclusa;

b) a intimação do *Parquet*, para intervir no feito (art. 82 do CPC);

c) a citação do réu, por meio de carta precatória, para, caso queira, responder aos termos da presente, sob pena de suportar o ônus processual da revelia e confissão quanto à matéria fática;

d) a fixação de alimentos provisórios no valor correspondente a 30% (trinta por cento) dos ganhos líquidos do réu, ou seja, R$ 1.500,00 (mil e quinhentos reais), sendo fixado, posteriormente, esse mesmo percentual a título de alimentos definitivos.

Termos em que pede deferimento.

Requer provar o alegado por todos os meios permitidos, especialmente, a documental superveniente.

Dá-se à causa o valor de R$ 18.000,00 (dezoito mil reais), à luz do artigo 259, VI, do Código de Processo Civil.

Campos dos Goytacazes, 30 de março de 2015.

Christiano Abelardo Fagundes Freitas
OAB/RJ 117.085

8.5. Ação de divórcio consensual

Nobre leitor, o caso abaixo é de jurisdição voluntária, pois não envolve um litígio, por isso não se usam os termos processuais autor e réu.

EXCELENTÍSSIMO SENHOR DOUTOR JUIZ DE DIREITO DA VARA DE FAMÍLIA DA COMARCA DE CAMPOS DOS GOYTACAZES (RJ):

(deixar aproximadamente 10 centímetros)

MÁRCIA REGINA DA SILVA DE ARAÚJO, brasileira, casada, manicure, portadora da C.I. n. XXX, expedida pelo IFP-RJ e inscrita no CPF sob o n. XXX, residente e domiciliada na Rua Maria da Conceição Fagundes, Parque Pecuária, Campos dos Goytacazes (RJ), CEP XXX, e EDUARDO AREAS DE

ARAÚJO, brasileiro, casado, carpinteiro (autônomo), portador do CPF sob n. XXX, e do documento de identidade n. XXX, residente e domiciliado na Rua Conceição Fagundes, 100, Parque Leopoldina, Campos dos Goytacazes (RJ), vêm à presença de V. Exa., por meio do advogado abaixo assinado, com escritório na Avenida Maria José Fagundes Freitas, 100, Centro, nesta cidade, ajuizar a presente **AÇÃO DE DIVÓRCIO CONSENSUAL**, com fulcro nos fatos e nos fundamentos abaixo.

Dos fatos e dos fundamentos jurídicos

Excelência, os requerentes casaram-se em 09.09.2005, sob o regime da Comunhão Parcial de Bens, de acordo com o documento anexo a esta exordial.

Durante a constância do casamento, os requerentes adquiriram dois bens: a) um imóvel residencial, situado na Avenida Léa Cristina Barboza da Silva Paiva, Centro, nesta cidade, com 5,50 metros de largura por 31 metros de comprimento; b) um terreno em Gargaú, na Rua Flávio Francisco Fagundes Freitas (escrituras inclusas). Os bens ficarão, respectivamente, para o cônjuge virago e para o varão.

Deste relacionamento nasceu o menor MARCOS EDUARDO DE ARAÚJO, no dia 11.02.2013, conforme documento incluso. A guarda do menor será compartilhada entre os requerentes, como determina a Lei n. 13.058/2014. A visitação será livre para o 2º requerente.

Os requerentes possuem meios para a subsistência própria, pois ambos exercem função remunerada, logo dispensam os alimentos entre si.

O genitor contribuirá com um salário mínimo por mês, a título de alimentos para o filho. A pensão será paga até o dia 15 de cada mês, mediante recibo.

Há aproximadamente um ano, a vida sob o mesmo teto tornou-se insuportável, estando os requerentes residindo em lares diferentes.

Dos pedidos e dos requerimentos

Por derradeiro, requerem a Vossa Excelência:

a) os benefícios da gratuidade de justiça, com fulcro na Lei n. 1.060/50, uma vez que não possuem condições financeiras de arcar com o pagamento de custas e de honorários advocatícios, sem prejuízo do sustento próprio, em consonância com declaração inclusa;

b) a intimação do *Parquet*, para intervir no feito;

c) a decretação do divórcio do casal, com posterior mandado ao cartório, para que proceda às averbações pertinentes;

d) a homologação das cláusulas acima, relativas à guarda, à visitação e à pensão alimentícia do menor;

e) a autorização para que a requerente volte a ostentar o nome de solteira, qual seja, MÁRCIA REGINA DA SILVA.

Requerem provar o alegado por todos os meios permitidos em Direito, especialmente, a documental superveniente.

Termos em que pedem deferimento.

Dá-se à causa o valor de R$ 50.000,00 (cinquenta mil reais).

Campos dos Goytacazes, 28 de março de 2015.

Christiano Abelardo Fagundes Freitas
OAB/RJ 117085

8.6. Ação de divórcio litigioso

EXCELENTÍSSIMO SENHOR DOUTOR JUIZ DE DIREITO DA VARA DE FAMÍLIA DA COMARCA DE CAMPOS DOS GOYTACAZES (RJ):

(deixar aproximadamente 10 centímetros)

MARCELLE RIBEIRO DE FREITAS, brasileira, casada, representante comercial, portadora da carteira de identidade n. XXX, inscrita no CPF sob o n. XXX, residente e domiciliada na Rua José Carlos Cordeiro de Azevedo, 468 (Fundo), Campos dos Goytacazes (RJ), vem à presença de V. Exa., por meio do advogado infra-assinado, com escritório na Avenida Carlos de Oliveira Abreu, 100, Centro, nesta cidade, ajuizar

AÇÃO DE DIVÓRCIO LITIGIOSO

em face de CHRISTIANO MARCOS DE FREITAS, brasileiro, casado, vendedor, residente e domiciliado na Rua Carlos Henriques Fagundes Freitas, 100, Centro, Campos dos Goytacazes(RJ), pelos fatos que passa a expor.

Dos fatos e dos fundamentos

Inicialmente, requer os benefícios da gratuidade de justiça, com fulcro na Lei n. 1.060/50, uma vez que não possui condições financeiras de arcar com o pagamento das custas e dos honorários advocatícios sem prejuízo do sustento próprio, conforme documento incluso.

Douto magistrado, a autora casou-se com o réu em 11 de julho de 2004, sob o regime de COMUNHÃO PARCIAL DE BENS, consoante documento anexo.

A autora estava sendo vítima de muitas agressões físicas, praticadas pelo réu, desde o início da gravidez. Oportuno registrar que as agressões estavam ocorrendo sempre com mais frequência.

No mês de fevereiro de 2012, o réu disse à autora que estava mantendo um relacionamento extraconjugal com uma mulher chamada Rita e que tinha o desiderato de pôr fim ao casamento, porquanto iria viver com essa senhora, o que realmente fez, abandonando o lar conjugal em 27 de fevereiro de 2012.

Fruto desse casamento é a criança chamada MARCELO RIBEIRO DE FREITAS, nascida em 5 de março de 2012.

A autora está com a posse do rebento. Este estuda na Escola "Monteiro Lobato", estando matriculado no maternal.

O réu não deixou de dar a assistência material ao filho; no entanto, caso deixe de cumprir os seus deveres de pai, será ajuizada a AÇÃO DE ALIMENTOS.

Excelência, os litigantes não adquiriram bens na constância do matrimônio.

Do pedido

Ante o exposto, requer a Vossa Excelência:

a) concessão dos benefícios da gratuidade de justiça, uma vez que não possui condições financeiras de arcar com o pagamento das custas e dos honorários advocatícios, sem prejuízo do sustento próprio (doc. j.);

b) a intimação do Ministério Público, para intervir no feito, à luz do art. 82 do Código de Processo Civil;

c) a citação do réu, para responder aos termos da presente, caso queira, sob pena de suportar o ônus processual da revelia e da confissão ficta quanto à matéria fática;

d) a decretação do divórcio do casal, com a expedição de mandado ao cartório para que proceda às devidas averbações;

e) a autorização para que a autora volte a ostentar o nome de solteira: MARCELLE RIBEIRO GONÇALVES;

f) a condenação do réu ao pagamento de custas e de honorários advocatícios.

Requer provar o alegado por todos os meios permitidos em Direito, em especial, a testemunhal e o depoimento pessoal do réu.

Dá-se à causa o valor de 900,00 (novecentos reais).

Nesses termos, pede deferimento.

Campos dos Goytacazes (RJ), 28 de março de 2015.

Christiano Abelardo Fagundes Freitas
OAB/RJ n. 117.085

8.7. Ação de reparação por danos morais e materiais

EXCELENTÍSSIMO SENHOR DOUTOR JUIZ DE DIREITO DO JUIZADO ESPECIAL CÍVEL DA COMARCA DE CAMPOS DOS GOYTACAZES (RJ):

MARIA AUGUSTA FERREIRA, brasileira, solteira, médica, portadora do RG n. XXX, inscrita no CPF n. XXX, residente e domiciliada na Rua Cora Coralina, 43, apartamento 301, Parque Cecília Lispector, nesta cidade, CEP 28.000-100, vem à presença de Vossa Excelência, por meio do advogado abaixo assinado, com escritório na Avenida Alberto Torres, 311, sala 301, Centro, Campos dos Goytacazes (RJ), com espeque no art. 5º, incs. V e X, da CRFB/88, propor

**AÇÃO DE REPARAÇÃO POR DANOS
MORAIS C/C DANOS MATERIAIS**

em face da PENALT LINHAS AÉREAS INTELIGENTES, situada na Avenida Vinte de Janeiro, s/n, Terminal de Passageiros n. 1, Aeroporto Internacional do Rio de Janeiro, Galeão, 2º andar, nível 15, sala 3011-A, CEP 21.941-570, inscrita no CNPJ n. XXX, na pessoa do seu representante legal, pelos motivos de fato e de direito que a seguir expõe.

I — DOS FATOS E DOS FUNDAMENTOS JURÍDICOS

Excelência, a autora é médica, concursada, exercendo a função de Chefe da Seção de Saúde do Trabalhador da Gerência Executiva em Macaé (RJ), conforme cópia do DOU, datada de 14.05.2011.

A autora foi designada pelo empregador para participar de WORKSHOP DE GESTORES DO SERVIÇO/SEÇÃO DE SAÚDE DO TRABALHADOR, em Brasília, no período de 20 a 24.11.2012, conforme documentos anexos a esta exordial.

Assim, a autora, no dia 19.11.2012, pegou o voo da empresa ré n. 1911 de Vitória (ES) para Brasília (DF), horário de embarque 6h40min e chegada prevista para 8h30min, conforme RECIBOS DE EMBARQUE ANEXOS.

II — DO EXTRAVIO DA BAGAGEM DA AUTORA

Lamentavelmente, ao chegar ao local de destino (BRASÍLIA-DF), a autora obteve a informação de que a empresa ré HAVIA EXTRAVIADO A BAGAGEM, contendo todas as roupas para os 4 dias de Workshop, bem como foram extraviados sapatos, livros e medicamentos.

Diante desse episódio, a autora registrou o RELATÓRIO DE IRREGULARIDADES COM BAGAGEM-IIB n. 8787654, assinado pela autora e pela funcionária da ré, chamada Gabriela, conforme documento incluso.

Até a presente data, a bagagem da autora não foi localizada pela ré.

III — DO DANO MORAL

A angústia, a frustração e o sentimento de impotência sofridos pela autora, POR CULPA EXCLUSIVA DA RÉ, CARACTERIZAM O DANO MORAL, que, à luz do texto constitucional, mais precisamente art. 5º, incs. V e X, deve ser reparado.

A autora estava a trabalho, em Brasília, para participar de um worshop de QUATRO DIAS, e perdeu TODAS AS ROUPAS E MEDICAMENTOS, conforme exposto acima.

É evidente a falha, o defeito *na prestação do serviço por parte da ré, extraviando a bagagem que continha, inclusive, as roupas íntimas da autora, advindo daí o dano, que, em tal hipótese, é in re ipsa,* ou seja, está ínsito na própria ofensa, decorrendo do ilícito, de forma que, restando provada a ofensa, demonstrado está também o dano moral. Nesta toada, o magistério do Desembargador Sérgio Cavalieri Filho, em sua obra *Programa de Responsabilidade Civil*. 6. ed. Editora Malheiros, fl.108:

> " (...) Como em regra não se presume o dano, há decisões no sentido de desacolher a pretensão indenizatória por falta de prova do dano moral.
>
> Entendemos, todavia, por se tratar de algo imaterial ou ideal, a prova do dano moral não pode ser feita através dos mesmos meios utilizados para a comprovação do dano material. Seria em demasia, algo até impossível, exigir que a vítima comprove a dor, a tristeza ou a humilhação através de depoimentos, documentos ou perícia; não teria ela como demonstrar o descrédito, o repúdio ou o desprestígio através dos meios probatórios tradicionais, o que acabaria por ensejar retorno à fase de irreparabilidade do dano moral em razão de fatores instrumentais.

Nesse ponto, a razão se coloca ao lado daqueles que o dano moral está ínsito na própria ofensa, decorre da gravidade do ilícito em si. Se a ofensa é grave e de repercussão, por si só justifica a concessão de uma satisfação de ordem pecuniária ao lesado. Em outras palavras, o dano moral existe *in re ipsa*; deriva inexoravelmente do próprio fato ofensivo, de tal modo que, provada a ofensa, *ipso facto* está demonstrado o dano moral, à guisa de uma presunção natural, uma presunção *hominis* ou *facti*, que decorre das regras da experiência comum."

3.1. DO ENUNCIADO N. 45 DO TJ RIO

Cumpre consignar, no que diz respeito aos danos morais, que o Tribunal de Justiça do Estado do Rio de Janeiro já consolidou o entendimento do seu cabimento sempre que houver lesão aos direitos da personalidade em decorrência de extravio de bagagem, nos casos de transporte aéreo, consoante o Enunciado n. 45, *verbis*: *"É devida indenização por dano moral sofrido pelo passageiro, em decorrência do extravio de bagagem, nos casos de transporte aéreo."*

IV — DOS DANOS MATERIAIS

Excelência, a autora teve de adquirir roupas, sapatos e medicamentos, uma vez que a ré EXTRAVIOU todos os que foram levados por aquela na bagagem. Esse defeito na prestação de serviços da ré obrigou a autora a contrair as seguintes despesas: a) carregador para *iphone*: R$ 49,90; b) camisolas, blusa e chinelo: R$ 109,60; c) roupas íntimas, short, meias: R$ 158,00; d) mochila com rodas: R$ 266,00; e) camisa manga longa, calça e camisa com dois bolsos: R$ 444,00; f) desodorante, shampoo e condicionador: R$ 31,20.

Culto julgador, tais despesas totalizaram R$ 1.058,70. Para provar essas informações, a autora junta TODOS OS CUPONS FISCAIS, datados de 20/11 e constando o endereço das lojas, todas em Brasília, isto é, restam confirmados a data e o local da viagem para o *worshop*.

V — DA RELAÇÃO JURÍDICA HAVIDA ENTRE OS LITIGANTES

A relação jurídica havida entre os litigantes é a de consumo, regida, pois, pelas normas de proteção ao consumidor, ou seja, pelo Código de Defesa do Consumidor. Tal fato, além de atrair a responsabilidade objetiva, em consonância com o artigo 14, do Código de Defesa do Consumidor, conduz à inversão do ônus da prova, como prevê o art. 6º, inc. VIII. Nesse sentido, a jurisprudência:

"APELAÇÃO CÍVEL. TRANSPORTE AÉREO INTERNACIONAL. EXTRAVIO DE BAGAGENS. DANO MORAL E MATERIAL CONFIGURADOS. 1. Ausência de controvérsia quanto ao fato de ter havido extravio de três das quatro malas entregues pelas autoras aos cuidados da empresa aérea ré para transporte da Europa para o Brasil. 2. A jurisprudência é firme no entendimento de que prevalece o Código de Defesa do Consumidor sobre a anterior Convenção de Varsóvia que foi substituída pela Convenção de Montreal, ainda que se trate de transporte internacional. (...) 4. As aflições e transtornos enfrentados pelas autoras certamente ultrapassaram a condição de mero dissabor cotidiano, pelo que caracterizado o dano moral.5. Quantum indenizatório arbitrado levando em conta os princípios da proporcionalidade e razoabilidade, pelo que deve ser mantido (R$ 8.000,00).6. Provimento parcial do apelo." (Apelação Cível n. 0287399-03.2008.8.19.0001 — DES. JACQUELINE MONTENEGRO — Julgamento: 22.02.2011 — 15ª Câmara Cível)

"CIVIL — INDENIZATÓRIA — EXTRAVIO DE BAGAGEM EMPRESA AÉREA — INAPLICABILIDADE DA INDENIZAÇÃO TARIFADA PREVISTA NA CONVENÇÃO DE VARSÓVIA RELAÇÃO DE CONSUMO APLICAÇÃO DO CÓDIGO DE DEFESA DO CONSUMIDOR — INVERSÃO DO ÔNUS DA PROVA INDENIZAÇÃO AMPLA — PROVIMENTO PARCIAL DO PRIMEIRO APELO E DESPROVIMENTO DO SEGUNDO. (Apelação Cível 2003.001.24136, 11ª Câmara Cível, rel. Des. Helena BelcKlausner, j. 17.12.2003)"

VI — DOS PEDIDOS E DOS REQUERIMENTOS

Ante o exposto, requer a Vossa Excelência:

a) a condenação da ré ao pagamento do valor equivalente a R$ 20.000,00 (vinte mil reais), a título de reparação por danos morais, com espeque no art. 5º da CRFB/88 e no art. 6º do Código de Defesa do Consumidor, mormente, pelo "poder" econômico da ré;

b) a condenação da ré ao pagamento do valor das despesas contraídas pela autora, em virtude do extravio da bagagem, em dobro, totalizando R$ 2.117,40, à luz do art. 42, parágrafo único, do Código de Defesa do Consumidor;

c) a citação da ré, para, caso queira, apresentar defesa, quando da realização de audiência, na hipótese de não haver acordo;

d) a concessão dos benefícios da gratuidade de justiça, uma vez que não possui condições financeiras de arcar com o pagamento de custas e de honorários advocatícios, sem prejuízo do sustento próprio, em consonância com a Lei n. 1.060/50;

e) a inversão do ônus da prova, consoante previsão constante do Código de Defesa do Consumidor.

Requer provar o alegado por todos os meios permitidos em Direito, especialmente, o depoimento pessoal da ré e a documental superveniente.

Dá-se à causa o valor de R$ 22.117,40 (vinte e dois mil, cento e dezessete reais e quarenta centavos).

Nesses termos, pede deferimento.

Local e data.

Christiano Abelardo Fagundes Freitas
OAB/RJ 117.085

8.8. Ação de obrigação de fazer C/C reparação por danos morais com pedido de antecipação dos efeitos da tutela

EXCELENTÍSSIMO SENHOR DOUTOR JUIZ DE DIREITO DO JUIZADO ESPECIAL CÍVEL DA COMARCA DE CAMPOS DOS GOYTACAZES (RJ):

CARLA CRISTINA SALVADOR, brasileira, casada, professora, portadora do RG n. XXX, inscrita no CPF n. XXX, residente e domiciliada na Rua Castro Alves,100, Jardim Carioca, nesta cidade, CEP 28.000-100, vem à presença de Vossa Excelência, por meio do advogado abaixo assinado, com escritório na Avenida Alberto Torres, 311, sala 301, Centro, Campos dos Goytacazes (RJ), propor **AÇÃO DE OBRIGAÇÃO DE FAZER C/C REPARAÇÃO POR DANOS MORAIS COM PEDIDO DE ANTECIPAÇÃO DOS EFEITOS DA TUTELA** INAUDITA ALTERA PARTE em face da DRICA JEANS LTDA., pessoa jurídica de direito privado, situada na Rodovia XX, Canta Galo, Rio do Sul (SC), CEP XXX, na pessoa do seu representante legal, pelos motivos de fato e de direito que a seguir expõe.

I — Dos fatos e dos fundamentos jurídicos

1.1. Dos diversos protestos de títulos indevidos no nome da autora

A autora, no início do mês de abril de 2013, dirigiu-se a uma das agências do Banco LUNAR de Campos dos Goytacazes, a fim de aumentar o valor de seu "cheque especial".

Nessa oportunidade, a autora obteve a "triste" notícia de uma das gerentes do referido banco, qual seja, de que não poderia haver o aumento do valor do cheque especial, uma vez que, ao realizar-se uma consulta, CONSTATOU-SE A EXISTÊNCIA DE "PROBLEMAS" COM O CPF da autora.

A autora ficou deveras envergonhada e, em defesa de sua honra, sua imagem e seu nome, disse à gerente que estava ocorrendo alguma confusão, POIS SEMPRE CUMPRIU COM SUAS OBRIGAÇÕES CONTRATUAIS.

A gerente do banco supracitado orientou a autora, dizendo a esta para contratar um advogado, pois "não havia feito nenhuma confusão", tinha certeza de que o CPF ESTAVA, SIM, COM RESTRIÇÕES.

Assim sendo, a autora foi orientada para requerer certidões em cartório e, para ESPANTO E TRISTEZA DESTA, constatou-se que, realmente, estava certa a gerente do Banco LUNAR: HAVIA DIVERSOS PROTESTOS EM DESFAVOR DA AUTORA, conforme se depreende das certidões anexas à inicial, lavradas pelos cartórios do 1º e do 11º Ofícios.

1.2. Das datas e dos valores dos protestos "indevidos"

Excelência, ao ler as certidões cartorárias, A AUTORA FICOU TOTALMENTE APREENSIVA E PREOCUPADA, pois NUNCA COMPROU NADA NA EMPRESA RÉ. NA VERDADE, A AUTORA NUNCA VIAJOU PARA O REFERIDO ESTADO NO QUAL SE SITUA A REFERIDA EMPRESA.

Em consonância com a certidão lavrada pelo cartório do 1º Ofício, constata-se a existência dos seguintes protestos:

1) protesto em 23.11.12, título DM — 233801, valor R$ 675,13, vencimento em 30.06.2012, credora e cedente: a empresa ré;

2) protesto em 21.12.12, título DM — 233802, valor R$ 675,13, vencimento em 30.07.2012, credora e cedente: a empresa ré;

3) protesto em 16.01.13, título DM — 233804, valor R$ 675,13, vencimento em 28.08.2012, credora e cedente: a empresa ré.

Em consonância com a certidão lavrada pelo cartório do 11º Ofício, constata-se a existência do seguinte protesto:

4) protesto em 17.02.13, título DM — 233803, valor R$ 675,13, vencimento em 29.12.2012, credora e cedente: a empresa ré.

1.3. O valor protestado indevidamente

Dessarte, certifica-se que a empresa ré COBROU, INDEVIDAMENTE, A IMPORTÂNCIA DE R$ 2.700,52 (dois mil, setecentos reais e cinquenta e dois centavos).

II — Da relação jurídica havida entre os litigantes

A relação jurídica havida entre os litigantes é a de consumo, regida, pois, pelas normas de proteção ao consumidor, ou seja, pelo Código de Defesa do Consumidor.

III — Do dano moral

A angústia, a frustração e o sentimento de impotência sofridos, até hoje, pela autora, POR CULPA EXCLUSIVA DA RÉ, CARACTERIZAM O DANO MORAL, que, à luz do texto constitucional, mais precisamente art. 5º, incs. V e X, deve ser reparado.

A indevida inscrição em cadastro de inadimplente, bem como o protesto dos diversos títulos geram direito à reparação por dano moral.

IV — Da antecipação dos efeitos da tutela

Sabe-se que toda negativação e todo protesto geram danos de difícil reparação, constituindo abuso e grave ameaça, abalando, SOBREMANEIRA, o prestígio creditício de que gozava a autora na cidade.

Imprescindível trazer à luz que a autora não deve nada à empresa ré, razão pela qual a negativação no cadastro de inadimplentes é totalmente descabida, violando, pois, bens integrantes da personalidade.

Certifica-se, então, que a situação da autora atende perfeitamente a todos os requisitos exigidos para a concessão da antecipação dos efeitos da tutela, prevista no artigo 273 do Código de Processo Civil brasileiro.

V — Dos pedidos e dos requerimentos

Ante o exposto, requer a Vossa Excelência:

a) a declaração de inexistência de dívida por parte da autora com relação aos títulos protestados, no valor total de R$ 2.700,52 (dois mil e setecentos reais e cinquenta e dois centavos);

b) a condenação da ré ao pagamento do valor equivalente a R$ 20.000,00 (vinte mil reais), a título de reparação por danos morais, com espeque no art. 5º da CRFB/88 e no art. 6º do Código de Defesa do Consumidor, mormente, pelo "poder" econômico da ré;

c) a concessão da antecipação dos efeitos da tutela, *"inaudita altera parte"*, em virtude da verossimilhança dos fatos ora narrados, para determinar que a empresa ré tome as providências administrativas necessárias, para exclusão do nome da autora dos cadastros do SCPC e dos demais órgãos de proteção ao crédito, no prazo de 24 horas, sob pena de pagamento de multa diária no valor de R$ 500,00;

d) a citação da ré, para, caso queira, apresentar defesa, quando da realização de audiência, na hipótese de não haver acordo;

e) a concessão dos benefícios da gratuidade de justiça, uma vez que não possui condições financeiras de arcar com o pagamento de custas e de honorários advocatícios, sem prejuízo do sustento próprio, em consonância com a Lei n. 1.060/50;

f) a inversão do ônus da prova, consoante previsão constante do Código de Defesa do Consumidor.

Requer provar o alegado por todos os meios permitidos em Direito, especialmente, o depoimento pessoal da ré e a documental superveniente.

Dá-se à causa o valor de R$ 20.500,00 (vinte mil e quinhentos reais).

Nesses termos, pede deferimento.

Campos dos Goytacazes, 28 de março de 2015.

Christiano Abelardo Fagundes Freitas
OAB/RJ 117.085

8.9. Reclamação trabalhista

EXCELENTÍSSIMO SENHOR DOUTOR JUIZ DO TRABALHO DA VARA DE CAMPOS DOS GOYTACAZES (RJ),

WANDERLEI BARBOZA VIANA, brasileiro, solteiro, auxiliar de administração escolar, portador da CTPS n. XXX série XXX RJ, da CI RG n. XXX, expedida pelo IIPF, inscrito no CPF sob o n. XXX e no PIS sob o n. XXX, filho de Ana Barboza Viana, nascido em 03.05.83, residente e domiciliado na Rua XXX, nesta cidade, CEP XXX, por seus advogados abaixo assinados, com escritório na Travessa XXX, nesta cidade, vem a Vossa Excelência, propor

RECLAMAÇÃO TRABALHISTA

em face do **COLÉGIO AQUINO M.E,** pessoa jurídica de direito privado, inscrita no CNPJ sob o n. XXX, com endereço na Rua XXX, nesta cidade — CEP n. XXX, pelas razões de fato e de Direito que adiante vão.

Da gratuidade de justiça

Inicialmente, por tratar-se de pessoa juridicamente pobre, não possuindo, pois, meios de arcar com as custas e os honorários advocatícios sem prejuízo do sustento próprio ou de sua família, tendo como fulcro o § 3º, art. 790, da CLT c/c o art. 5º, inciso LXXIV, da CRFB/1988, haja vista que esta é verdadeira garantia constitucional complementar do acesso à justiça, requer, desde já, a concessão do benefício da Gratuidade de Justiça.

Da inexistência de comissão de conciliação prévia

O reclamante informa que não há Comissão de Conciliação Prévia no Município de Campos dos Goytacazes (RJ).

Dos fatos e dos fundamentos (jurídicos e legais)

O reclamante foi admitido pelo reclamado em 01.04.2009, para exercer a função de servente, sendo dispensado, sumária e injustamente, em 01.07.2013, *não recebendo, até a presente data, qualquer parcela referente à terminação do pacto laboral, ou seja, as verbas resilitórias.*

O reclamante venceu salário último da ordem de R$ 1.600,00 (mil e seiscentos reais), sendo R$ 1.500,00 (um mil e quinhentos reais) a título de salário base e R$ 100,00 (cem reais) de triênio.

O reclamado não efetuou nenhum recolhimento relativo ao INSS, **embora descontasse do salário o percentual relativo ao empregado.**

Quanto ao FGTS, o reclamado só realizou o depósito do mês de julho de 2009, bem como não pagou ao reclamante o salário dos meses de fevereiro e março de 2013.

Dos pedidos e dos requerimentos

Pelo exposto, pede a condenação do reclamado a proceder à retificação na data de dispensa constante da CTPS do reclamante para 13.08.2013 (por força da projeção do aviso-prévio — OJ n. 82, da SDI-1, do TST, c/c Súmula 441, do TST), bem como ao pagamento dos seguintes direitos:

a) aviso-prévio de 42 dias;

b) férias proporcionais (4/12 — com a projeção do aviso-prévio), acrescido de 1/3, referentes ao período aquisitivo de 2013/2014;

c) gratificação natalina proporcional de 2013 (7/12), com a projeção do aviso-prévio;

d) salário referente aos meses de fevereiro e março de 2013;

e) recolhimento dos depósitos do FGTS, acrescido da indenização de 40%, relativo aos meses de abril de 2009 a agosto de 2013, com a exclusão apenas do mês de julho de 2009, bem como o depósito referente aos 13º salários de 2009 a 2013, também acrescido de 40%, com a entrega do documento hábil ao saque, ou indenização equivalente;

f) indenização de 40% sobre o valor depositado na conta vinculada do reclamante (FGTS do mês de julho de 2009);

g) indenização prevista no artigo 467 da CLT, caso as verbas não sejam pagas em audiência;

h) multa prevista no § 8º do art. 477 da CLT;

i) tradição das guias, para recebimento do seguro-desemprego, no prazo hábil para recebimento administrativo, ou indenização equivalente (cinco parcelas);

j) reparação por danos morais, em valor a ser fixado por este Juízo, ante o atraso no pagamento das verbas resilitórias e a não entrega das guias hábeis ao levantamento do FGTS e ao recebimento do seguro-desemprego.

Requer:

a) a notificação do reclamado, para, caso queira, responder aos termos da presente, sob pena de suportar o ônus processual da revelia e confissão quanto à matéria fática;

b) a expedição de ofício ao MTE, ao MPT e ao INSS, acompanhado da cópia da sentença que julgar procedentes os pedidos da Reclamante, para que esses órgãos tomem as medidas necessárias;

c) a procedência dos pedidos, com a condenação do Reclamado ao pagamento dos direitos acima postulados, acrescidos de juros de mora e correção monetária.

Por derradeiro, requer provar o alegado por todos os meios permitidos em Direito, em especial, pelo depoimento pessoal do representante legal do reclamado.

Dá-se à causa o valor de R$ 45.000,00 (quarenta e cinco mil reais).

Termos em que pede deferimento.

Campos dos Goytacazes, 10 de agosto de 2014.

Christiano Abelardo Fagundes Freitas
OAB/RJ 117085

8.10. Reclamação trabalhista com pedido de reparação por danos morais

EXCELENTÍSSIMO SENHOR DOUTOR JUIZ DA VARA DO TRABALHO DE CAMPOS DOS GOYTACAZES (RJ),

GILMAR FERREIRA, brasileiro, casado, engarrafador, portador da Carteira de Identidade (RG) n. XXX e da CTPS n. XXX, série XXX-RJ, inscrito no CPF sob o n. XXX e no PIS sob o n. XX, filho de Gilmara Ferreira, nascido em 01.01.60, residente e domiciliado na Rua XX, CEP n. XXX, nesta cidade, vem, mui respeitosamente, à presença de V. Exa., por meio dos advogados infra-assinados, com endereço profissional na Av. XXX, ajuizar

RECLAMAÇÃO TRABALHISTA COM PEDIDO DE REPARAÇÃO POR DANOS MORAIS

em face da **ENGARRAFADORA DE FUMAÇA LTDA.**, inscrita no CNPJ sob o n. XXX, situada na Rua XXX, CEP n. XXX, Campos dos Goytacazes (RJ), pelos fatos e fundamentos aduzidos abaixo.

Da gratuidade de justiça

Requer o reclamante os benefícios da gratuidade de justiça, com fulcro na Lei n. 5.584/70 e na Lei n. 1.060/50, uma vez que não possui condições financeiras de fazer frente aos encargos do processo, sem prejuízo do sustento próprio (doc. j.).

Dos fatos e dos fundamentos jurídicos

O reclamante foi admitido pela reclamada em 1º de julho de 2006, conforme documento em anexo, no entanto, a Carteira Profissional só foi assinada em 1º de janeiro de 2007.

O reclamante recebia, por mês, quando da dispensa sem justa causa, em 9 (nove) de abril de 2010, salário de R$ 591,80 (quinhentos e noventa e um reais e oitenta centavos).

A reclamada concedeu o aviso-prévio ao reclamante em 10 de março de 2010. Ocorre, culto julgador, que, durante o aviso-prévio, o reclamante não teve o horário de trabalho reduzido, tampouco foi dispensado de laborar durante sete dias corridos, uma vez que lhe foi exigido trabalho integral durante o período do aviso.

Portanto, certifica-se que, pela conduta perpetrada pela reclamada, é NULO O AVISO-PRÉVIO CONCEDIDO AO RECLAMANTE, porquanto infringe o art. 488, da CLT. Nesse diapasão, oportuno trazer à luz o entendimento doutrinário do magistrado Sergio Pinto Martins, uma vez que se harmoniza com o entendimento jurisprudencial acerca do assunto. *Ipsis Litteris*:

> "Se o empregador não concede a redução do horário de trabalho, tem-se que o aviso-prévio não foi concedido, pois não se possibilitou ao empregado a procura de novo emprego, que é a finalidade do instituto, mostrando que houve a sua ineficácia. Assim, deve ser concedido ou pago de maneira indenizada outro aviso-prévio (MARTINS, Sergio Pinto, in *Direito do Trabalho*, 17ª ed., p. 379, Atlas, 2003)."

Nesta diretriz, já se posicionou o TST, por meio da Súmula n. 230, *in verbis:* " É ilegal substituir o período que se reduz da jornada de trabalho, no aviso-prévio, pelo pagamento das horas correspondentes."

O reclamante não recebeu, tampouco gozou, as férias relativas ao período não constante da assinatura da CTPS, qual seja, 1º.07.2006 a 31.12.2006.

No que tange ao 13º salário, o reclamante não recebeu o relativo ao ano de 2006.

Oportuno ainda registrar que, até a presente data, a reclamada não pagou ao reclamante as verbas oriundas da terminação do pacto laboral, nem efetuou qualquer depósito relativo ao FGTS, em conta vinculada. A reclamada também não procedeu à baixa na CTPS do reclamante.

Dos danos morais

No momento da concessão do aviso-prévio, a reclamada feriu a dignidade do reclamante, afirmando, na presença de diversos outros empregados, que este não faria nenhuma falta, pois, "por ser deficiente físico, mais se parece um zero à esquerda".

O reclamante nasceu com problemas no pé esquerdo e, por isso, sempre teve dificuldade para locomover-se.

O proprietário da empresa reclamada, há uns três meses antes da dispensa, começou a chamar o reclamante de "saci". É cristalina a violação ao princípio da Dignidade da Pessoa Humana, previsto no artigo 1º, inc. III, da CRFB/88.

Dos pedidos e dos requerimentos

Ante o exposto, pede a Vossa Excelência a declaração de nulidade do aviso-prévio e a condenação da reclamada a proceder às devidas retificações na CTPS do reclamante, bem como a proceder à baixa na mesma, constando como data de dispensa 9/05/10, além do pagamento das seguintes verbas trabalhistas:

a) aviso-prévio: R$ 591,80;

b) férias proporcionais (6/12), com o acréscimo de 1/3, relativas ao período de labor sem CTPS assinada (1º.07.2006 a 31.12.2006): R$ 394,53;

c) férias proporcionais, relativas ao ano de 2010, (4/12), com a projeção do aviso-prévio: R$ 263,02;

d) gratificação de Natal de 2006 (6/12): R$ 295,90;

e) gratificação de Natal de 2010 (4/12), com a projeção do aviso-prévio: R$ 197,26;

f) depósito de FGTS, durante todo o pacto laboral (1º/7/06 a 9/4/2010):R$ 47,34 x 45 meses = R$ 2.130,30;

g) indenização de 40% sobre o valor pleiteado a título de FGTS, constante da letra *f*: R$ 852,12;

h) multa prevista no art. 477, § 8º, da CLT: R$ 591,80;

i) indenização prevista no art. 467, da CLT (50%), caso as verbas rescisórias não sejam pagas em audiência: R$ 952,10;

j) reparação por danos morais em R$ 50.000,00 (cinquenta mil reais).

Requer ainda:

a) a notificação da reclamada, para, caso queira, responder aos termos da presente, sob pena de suportar o ônus processual da revelia e confissão quanto à matéria fática;

b) a expedição de ofício ao MTE, ao MPT e ao INSS, acompanhado da cópia da sentença que julgar procedente o pedido do reclamante, para que esses órgãos tomem as medidas necessárias;

c) juros, correção monetária, custas e recolhimentos previdenciários;

d) a procedência dos pedidos, com a condenação da Reclamada ao pagamento dos direitos acima postulados, acrescidos de juros de mora e correção monetária.

Requer provar o alegado por todos os meios permitidos em Direito, em especial, pelo depoimento pessoal da Reclamada e pela testemunhal.

Dá-se à causa o valor de R$ 56.268,83 (cinquenta e seis mil, duzentos e sessenta e oito reais e oitenta e três centavos).

Termos em que pede deferimento.

(local e data)

Christiano Abelardo Fagundes Freitas
OAB/RJ 117085

8.11. Ação de despejo C/C pedido de cobrança de aluguéis e de acessórios

EXCELENTÍSSIMO SENHOR DOUTOR JUIZ DE DIREITO DA VARA CÍVEL DA COMARCA DE CABO FRIO:

ANTÔNIO MANHAES DA SILVA, brasileiro, solteiro, professor, inscrito no CPF sob o n. XXX e portador da Carteira de Identidade (RG) n.

XXXIFP/RJ, residente e domiciliado na Rua Prefeito XXX, Parque Castro Alves, Campos dos Goytacazes (RJ), vem, por seus advogados legalmente habilitados (proc. j.), infra-assinados, com endereço profissional na Rua XXX (art. 39, I, do CPC), propor, com espeque na Lei n. 8.245/1991, a presente

AÇÃO DECLARATÓRIA DE RESCISÃO CONTRATUAL C/C DESPEJO C/C PEDIDO DE COBRANÇA DE ALUGUÉIS E DE ACESSÓRIOS COM PEDIDO DE ANTECIPAÇÃO DOS EFEITOS DA TUTELA

em face de **REGINA MARIA CARDOSO**, brasileira, casada, residente e domiciliada na Rua XXX, casa XXX, Parque XXX, Cabo Frio (RJ), pelas razões de fato e de direito que adiante passa a expor.

Dos fatos e dos fundamentos jurídicos

Excelência, vigora entre as partes, desde 20 de janeiro de 2007, um contrato de locação do imóvel situado na Rua XXX, casa XXX, Parque XXX, Cabo Frio (RJ), para fim residencial, por tempo indeterminado, por haver-se esgotado o que inicialmente se avençou, conforme comprovam os contratos em anexo.

No aludido contrato, ficou pactuado, nas cláusulas 2ª e 3ª, que a ré é obrigada a pagar o aluguel fixado mensalmente (R$ 3.000,00) e todos os impostos que venham incidir sobre o imóvel locado.

Apesar de a obrigação contratual estar plenamente definida, a ré está em atraso no pagamento de aluguéis de julho de 2014 até a presente data, outubro/2014. **A dívida referente ao aluguel** totaliza o valor de R$ 12.000,00 (doze mil reais), conforme discriminação abaixo:

* julho/2014 = R$ 3.000,00;

* agosto/2014 = R$ 3.000,00;

* setembro/2014 = R$ 3.000,00;

* outubro/2014 = R$ 3.000,00.

Imprescindível trazer à luz, MM. Dr. Juiz, que a locatária também deve a importância equivalente a R$ 1.130,63 (mil, cento e trinta reais, sessenta e três centavos), relativa ao IPTU, conforme documento incluso.

Vale ressaltar que o aludido imóvel é o único bem do autor e só o locou em razão do fato de ter que laborar na cidade de Campos dos Goytacazes (RJ).

O autor necessita do recebimento urgente dos aluguéis, haja vista que está pagando financiamento pela Caixa Econômica Federal do imóvel em que reside com a sua família e passando por muitas dificuldades financeiras, uma vez que está desempregado.

Do direito

A locação poderá ser desfeita em decorrência da falta de pagamento do aluguel e demais encargos (Lei n. 8.245, de 1991, art. 9º, I).

O locatário é obrigado a pagar pontualmente o aluguel e os encargos da locação, legal ou contratualmente exigíveis, no prazo estipulado, ou, em sua falta, até o sexto dia do mês seguinte ao vencimento (art. 23, I, Lei n. 8.245/91).

Nas ações de despejo, fundadas em falta de pagamento de aluguel e acessórios da locação, o pedido de rescisão poderá ser cumulado com o de cobrança de aluguéis e encargos (art. 62, I, Lei n. 8.245/91). Nesse sentido, as seguintes ementas:

> "LOCAÇÃO. DESPEJO C/C. COBRANÇA. DETERMINAÇÃO DE EMENDA À INICIAL, COM READEQUAÇÃO DO VALOR ATRIBUÍDO À CAUSA. AGRAVO DE INSTRUMENTO. Admitida a cumulação da ação de despejo por falta de pagamento com a de cobrança de aluguéis, incide a norma especial art. 58, inc. III, da Lei n. 8.245/91 -, devendo o valor da causa corresponder à soma de doze meses de aluguel. Precedentes do STJ e desta Corte. Agravo de instrumento provido, em decisão monocrática." (Agravo de Instrumento N. 70034634196, Décima Sexta Câmara Cível, Tribunal de Justiça do RS, Relator: Marco Aurélio dos Santos Caminha, Julgado em 12.02.2010)

> "PROCESSO CIVIL. CIVIL. AÇÃO DE DESPEJO. BENFEITORIAS. NECESSIDADE DE ANUÊNCIA DO PROPRIETÁRIO. FALTA DE PAGAMENTO. LOCAÇÃO DESFEITA. 1. É DEFESO AO LOCATÁRIO REALIZAR BENFEITORIAS SEM A EXPRESSA ANUÊNCIA DO PROPRIETÁRIO LOCADOR, AS QUAIS, POR CONSEGUINTE, NÃO GERAM DIREITO DE RETENÇÃO, SOMENTE, O DIREITO DE INDENIZAÇÃO, A SER EXERCIDO EM PROCESSO AUTÔNOMO. 2. O ARTIGO 9º, III, DA LEI 8.245/1991, PREVÊ QUE A LOCAÇÃO PODERÁ SER DESFEITA EM DECORRÊNCIA DA FALTA DE PAGAMENTO DO ALUGUEL E DEMAIS ENCARGOS. 3. RECURSO DESPROVIDO. UNANIMIDADE. 289702010 ACÓRDÃO 1047022011. RELATOR RAIMUNDO FREIRE CUTRIM. DATA 05.08.2011. COROATÁ. PROCESSO APELAÇÃO CÍVEL."

Da antecipação dos efeitos da tutela

Excelência, uma vez que preenchidos os requisitos do artigo 273, do CPC, requer a antecipação dos efeitos da tutela, *inaudita altera parte*, para decretar o despejo, determinando-se que o réu desocupe o imóvel no prazo a ser fixado por este Juízo, sob pena de multa diária, a ser fixada também por este Juízo. Nesse sentido, a seguinte ementa do Egrégio Tribunal de Justiça do Maranhão, *ipsis litteris:*

> "EMENTA PROCESSUAL CIVIL. CIVIL. AGRAVO DE INTRUMENTO. AÇÃO DE DESPEJO. FALTA DE PAGAMENTO. TUTELA ANTECIPADA. PRESENÇA DOS REQUISITOS DO

ART. 273 CPC. AGRAVO IMPROVIDO. 1 — Demonstrado a presença dos requisitos do art. 273 do CPC, deve ser concedida à tutela antecipatória. 2 — O artigo 9º, III, da Lei 8.245/1991, prevê que a locação poderá ser desfeita em decorrência da falta de pagamento do aluguel e demais encargos. 3. Recurso improvido. Unanimidade." SESSÃO DO DIA 30 DE AGOSTO DE 2.011. AGRAVO DE INSTRUMENTO N.010700-2011 — PEDREIRAS — RELATOR: DES. RAIMUNDO FREIRE CUTRIM. ACÓRDÃO N. 105.468/2011."

Dos pedidos e dos requerimentos

Por tudo que foi exposto, requer a V. Exa. o seguinte:

a) a concessão do benefício da **GRATUIDADE DE JUSTIÇA**, com fulcro na Lei n. 1.060/50, pois não possui condições financeiras de arcar com as despesas processuais e honorários advocatícios, sem prejuízo do sustento próprio e de sua família (doc. j.)

b) a citação da ré, para responder aos termos da presente, caso queira, sob a consequência de suportar o ônus processual da revelia e confissão quanto à matéria fática;

c) a procedência dos pedidos, para declarar a rescisão contratual, decretando o despejo do imóvel e, sucessivamente, condenar a ré ao pagamento da importância de R$ XXX (XXX), sendo R$ XXX referente aos alugueres em débito, e a quantia de R$ XXX relativa ao IPTU, devidamente corrigida monetariamente pelos índices legais e acrescida de juros de 1% ao mês, a contar dos respectivos vencimentos, conforme planilha anexa;

d) a condenação da ré a pagar as prestações periódicas que deixar de efetuar ou consignar no curso do processo, nos termos do art. 290 do CPC;

e) antecipação dos efeitos da tutela, *inaudita altera parte*, para decretar o despejo, determinando-se que o réu desocupe o imóvel no prazo a ser fixado por este Juízo, sob pena de multa diária, a ser fixada por este Juízo;

f) a condenação do réu ao pagamento de custas e de honorários advocatícios.

Dá-se à causa o valor de R$ 36.000,00 (trinta e seis mil reais), em consonância com o artigo 58, inc. III, da Lei n. 8.245/91.**

Nesses termos, pede deferimento.

(local e data)

Christiano Abelardo Fagundes Freitas
OAB/RJ 117085

**Nobre leitor, predomina na jurisprudência e na doutrina o entendimento de que, mesmo em se tratando de ação de despejo cumulada com cobrança de aluguéis e de acessórios, o valor da causa deve corresponder à soma de 12 meses de aluguel (art. 58,III, Lei n. 8.245/91).

8.12. Execução de alimentos

EXCELENTÍSSIMO SENHOR DOUTOR JUIZ DE DIREITO DA 2ª VARA DE FAMÍLIA DA COMARCA DE CAMPOS DOS GOYTACAZES (RJ):

RITA DE CÁSSIA MARTINS DE PALMEIRA, brasileira, separada judicialmente, do lar, portadora da carteira de identidade n. XXX, inscrita no CPF sob o n. XXX, residente e domiciliada na Rua XXX, nesta cidade, por seus advogados abaixo assinados, com endereço na Rua XXX, nesta cidade, vem à presença de Vossa Excelência, ajuizar a presente

AÇÃO DE EXECUÇÃO DE ALIMENTOS

em face de **JOSÉ RICARDO MARINS**, brasileiro, empresário, separado judicialmente, residente e domiciliado na Avenida XXX, CEP XXX, nesta cidade, pelas razões que a seguir expõe.

I — Da gratuidade de justiça

Inicialmente, requer os benefícios da gratuidade de justiça, com fulcro na Lei n. 1.060/50, uma vez que não possui condições financeiras de arcar com o pagamento das custas e dos honorários advocatícios, sem prejuízo do sustento próprio e de seus filhos.

II — Dos fatos e dos fundamentos jurídicos

Douto magistrado, quando da audiência ocorrida em XXX, nos autos do processo n. XXX, cuja tramitação se deu por este Juízo (2ª Vara de Família desta Comarca), as partes entabularam acordo, para que o executado pagasse, mensalmente, cinco salários mínimos para os três filhos dos litigantes e três salários mínimos para a exequente, o que foi homologado, consoante título executivo incluso.

O executado não vem cumprindo a obrigação alimentar assumida, com relação à exequente, estando em mora com relação à pensão dos últimos três meses, quais sejam: XXX, XXX e XXX.

A conduta do executado acaba repercutindo nos filhos dos litigantes, pois a exequente utiliza o valor que recebe de alimentos, para complementar as despesas dos rebentos.

Assim, a exequente requer a prestação da tutela jurisdicional, para, com fulcro no artigo 733, do CPC, receber a pensão alimentícia vencida nos três meses informados acima, bem como as que se vencerem no curso desta demanda, sob pena de prisão do executado, consoante entendimento jurisprudencial (Súmula n. 309, STJ).

III — Dos pedidos e dos requerimentos

Ante o exposto, requer a Vossa Excelência:

a) a citação do executado, para que, no prazo legal previsto no art. 733, do CPC, pague a quantia de R$ XXX (referente à pensão dos meses de XXX, XXX e XXX), bem como as que se vencerem no curso desta demanda, sob pena de prisão;

b) a intimação do Ministério Público;

c) a condenação do executado ao pagamento de custas e de honorários advocatícios;

d) a procedência dos pedidos.

Requer provar o alegado por todos os meios permitidos em Direito, especialmente, a documental superveniente.

Dá-se à causa o valor de R$ XXX (valor correspondente ao pleito de letra "a").

Termos em que pede deferimento.

(local e data)

Christiano Abelardo Fagundes Freitas
OAB/RJ 117085

Obs.: apresentar a planilha com o débito atualizado.

8.13. Inventário

EXCELENTÍSSIMO SENHOR DOUTOR JUIZ DE DIREITO DA VARA CÍVEL DA COMARCA DE CAMPOS DOS GOYTACAZES (RJ):

CELESTE DOS SANTOS ALMEIDA DE PAULA, brasileira, viúva, professora, inscrita no CPF sob o n. XXXX, portadora da Carteira de Identidade n. XXXXXX (IFP), residente e domiciliada na Rua XXXX, Bairro XXXX, Campos dos Goytacazes (RJ), CEP XXX, vem à presença de V. Exa., por meio dos advogados infra-assinados, com escritório na Rua XXX (art. 39, I, do CPC), requerer a abertura do **INVENTÁRIO** dos bens deixados por falecimento de seu esposo, ROBERTO CARLOS CORREA DE PAULA, com fulcro nos fatos narrados abaixo.

Da gratuidade de justiça

Inicialmente, requer a concessão dos benefícios da **Gratuidade de Justiça**, nos termos da Lei n. 1.060/50, com redação introduzida pela Lei n. 7.510/86, por ser pessoa juridicamente pobre, não possuindo condições financeiras para custear o presente pedido, sem prejuízo de seu próprio sustento e de seus dependentes, conforme documento incluso.

A peticionária era casada, sob o Regime da Comunhão Parcial de Bens, com o senhor **Roberto Carlos Correa de Paula**, que era brasileiro, portador da Carteira de Identidade n. XXX, e inscrito no CPF sob o n. XXX, **falecido em XX de agosto de XX**, conforme documentos inclusos.

Oportuno registrar que o falecido deixou duas filhas(sendo uma absolutamente incapaz) e bens, localizados nesta cidade; sem ter deixado, todavia, testamento conhecido.

Dos pedidos

Ante o exposto, requer a Vossa Excelência:

a) a intimação do Ministério Público, à luz do art. 82, I, do CPC;

b) a abertura do inventário dos bens deixados por Roberto Carlos Correa de Paula, com a nomeação da requerente, para exercer o *munus* de inventariante, com a lavratura do respectivo termo;

c) a procedência dos pedidos.

Dá-se à causa o valor de R$ 30.000,00 (trinta mil reais).

Termos em que pede deferimento.

(local e data)

Christiano Abelardo Fagundes Freitas
OAB/RJ 117085

Obs.: *O processo de inventário e partilha deve ser aberto dentro de 60 (sessenta) dias a contar da abertura da sucessão, ultimando-se nos 12 (doze) meses subsequentes, podendo o juiz prorrogar tais prazos, de ofício ou a requerimento de parte, à luz do artigo 983, do CPC.*

8.14. Ação de investigação de paternidade C/C com alimentos

EXCELENTÍSSIMO SENHOR DOUTOR JUIZ DE DIREITO DA VARA DE FAMÍLIA DA COMARCA DE CAMPOS DOS GOYTACAZES (RJ):

ROBSON DIEGO FERNANDES, brasileiro, absolutamente incapaz, em razão da idade, representado por sua genitora **LUCIANA DE OLIVEIRA FERNANDES,** brasileira, do lar, portadora da Carteira de Identidade n. XXX, inscrita no CPF sob o n. XXX, residente e domiciliada na Travessa XXX, por seus advogados infra-assinados, com endereço na Rua XXX, nesta cidade, vem, perante Vossa Excelência, propor

Ação de investigação de paternidade cumulada com ação de alimentos

em face de **TIAGO DE FREITAS CRESPO**, brasileiro, solteiro, servente, residente e domiciliado na Rua XXX, Campos dos Goytacazes (RJ), pelos motivos de fato e de direito que passa a expor.

Da gratuidade de justiça

Por tratar-se de pessoa juridicamente pobre, não possuindo meios de arcar com o ônus das custas processuais e dos honorários de advogado, sem prejuízo do sustento próprio ou de sua família, tendo como fulcro a Lei n. 1.060/50 c/c o art. 5º, inciso LXXIV, da CRFB/1988, uma vez que esta última é verdadeira garantia constitucional complementar do acesso à justiça, requer, desde já, a concessão do benefício da GRATUIDADE DE JUSTIÇA.

Dos fatos e dos fundamentos jurídicos

A representante legal do autor conheceu o réu no início de 2006, ocasião em que houve o princípio de um relacionamento amoroso do qual resultou o nascimento do autor no dia 17 de março de 2012, como consta de sua certidão de nascimento(documento anexo).

O réu, quando soube da gravidez, por meio da mãe do autor, afirmou que iria prestar toda assistência à criança, o que não aconteceu até a presente data.

Ademais, assim que o autor nasceu, o réu negou-se em assumir, de forma espontânea, a paternidade. Motivo pelo qual o autor foi registrado sem constar o nome de seu genitor, o que também se observa na cópia da certidão de nascimento anexa a esta inicial.

A mãe do autor exerce a atividade de faxineira (diarista), mas vem enfrentando dificuldades em face da escassez de procura pelos seus serviços, bem como em virtude de ter de se dedicar ao autor.

Por mais que a genitora do autor objetive suprir as despesas deste, mormente com alimentação e medicamentos, não está logrando êxito neste particular.

Importante ressaltar que o autor possui sinusite e problemas oftalmológicos, conforme documentos médicos anexos.

Oportuno se faz mencionar que os avós paternos do autor sempre manifestaram sentimentos de afeto em relação a este, conforme se observa nas fotografias anexas a esta petição, nas quais o avô e a tia paternos seguram o autor ao colo, porém o autor não recebe qualquer auxílio econômico de seus parentes paternos.

Dos alimentos

Importante informar que o réu está trabalhando atualmente na USINA DOCE CAMPOS, recebendo, por mês, salário da ordem de R$ 2.000,00 (dois mil reais). Assim, diante do binômio NECESSIDADE X POSSIBILIDADE, norteador da fixação dos alimentos, requer que os alimentos sejam fixados em 30% dos rendimentos líquidos do réu. Nesse sentido, a seguinte ementa da lavra da culta DES. ANA MARIA OLIVEIRA, do Tribunal de Justiça do Rio de Janeiro:

> "Agravo de instrumento contra decisão que em ação proposta pelo Agravante, arbitrou os alimentos provisórios em favor dos Agravados, em 30% dos seus rendimentos líquidos, e, no caso de inexistência de vínculo empregatício, em 50% do salário mínimo. Agravante que pretende a redução da verba arbitrada ao argumento de que a mesma supera suas possibilidades atuais. Agravante que não instruiu o recurso com qualquer prova de suas alegações, sequer esclarecendo se exerce sua atividade profissional com vínculo empregatício, nem quais seriam suas despesas. Decisão agravada que, na cognição sumária que caracteriza as decisões proferidas em caráter liminar, se mostra compatível com o binômio necessidade-possibilidade. Decisão agravada que não se mostra teratológica, contrária à lei ou à prova dos autos. Aplicação da Súmula 59 do TJRJ. Recurso a que se nega seguimento. 0047879-18.2011.8.19.0000 — AGRAVO DE INSTRUMENTO . DES. ANA MARIA OLIVEIRA — Julgamento: 19/09/2011 — OITAVA CÂMARA CÍVEL DO TJ RIO."

Dos pedidos e dos requerimentos

Em face do exposto, requer a Vossa Excelência:

a) a tramitação da presente ação sob o segredo de justiça, à luz do artigo 155, II, CPC;

b) a citação do réu, para responder aos termos desta ação, caso queira, sob pena de suportar o ônus processual da revelia e confissão quanto à matéria fática;

c) a procedência do pedido, com a declaração da paternidade do autor a recair sobre a pessoa do réu, sendo este condenado, outrossim, ao pagamento da pensão alimentícia, em atenção ao artigo 7º da Lei n. 8.560/92, no valor equivalente a 30% (trinta) por cento dos seus rendimentos líquidos;

d) a intimação do representante do Ministério Público, para acompanhar o feito;

e) a expedição de mandado ao Cartório de Registro Civil, determinando a inclusão do sobrenome do réu no nome do autor, para que este passe a se chamar **ROBSON DIEGO FERNANDES CRESPO**, bem como determinando a inclusão do nome dos avós paternos;

f) a condenação do réu ao pagamento de custas e de honorários advocatícios.

Por fim, requer, ainda, a produção de todos os meios de prova em Direito admitidos, especialmente, a testemunhal, a documental e a pericial.

Dá-se à causa o valor de R$ 7.200,00 (sete mil e duzentos reais), em consonância com o artigo 259, inc. VI, do CPC.

Nesses termos, pede deferimento.

(local e data)

Christiano Abelardo Fagundes Freitas
OAB/RJ 117085

8.15. Reparação por danos morais — furto de cartão de crédito

EXCELENTÍSSIMO SENHOR DOUTOR JUIZ DE DIREITO DO JUIZADO ESPECIAL CÍVEL DA COMARCA DE CAMPOS DOS GOYTACAZES (RJ):

LÍVIA DE ABREU, brasileira, enfermeira, casada, portadora do CPF n. XXX, da Carteira de Identidade n. XXX, residente e domiciliada na Avenida XXX, Campos dos Goytacazes,CEP XXX, por seu advogado infra-assinado, vem à presença de Vossa Excelência propor

**AÇÃO DECLARATÓRIA DE INEXISTÊNCIA DE
DÍVIDA C/C REPARAÇÃO POR DANOS MATERIAIS
C/C REPARAÇÃO POR DANOS MORAIS**

em face do BANCO XXXA, pessoa jurídica de direito privado, inscrita no CNPJ/ MF sob o n. XXX, e da BG FINANCEIRA S.A, ambos com endereço para citação na Avenida XXX, CEP XXX, pelos seguintes motivos que passa a expor.

1. Dos fatos e dos fundamentos jurídicos

A autora é correntista do réu, desde 2007, possuindo, por consequência, cartão de crédito emitido pelo 1º réu.

No dia 4.1.2015, a autora e o esposo desta, senhor XXX, estavam na praia XXX, quando tiveram o veículo automotor XXX "arrombado", sendo furtados diversos objetos que se encontravam no interior do referido veículo. Entre os pertences furtados estava o cartão de crédito do banco réu, qual seja: XXX.

No mesmo dia do furto, a autora dirigiu-se à 126ª Delegacia de Polícia, situada em Cabo Frio, e procedeu ao Registro de Ocorrência, autuado sob o n. XXX, informando todos os pertences que lhe foram furtados.

De forma diligente, a autora imediatamente também procedeu ao bloqueio do cartão, protocolo n. XXX, feito para o telefone n. XXX, do réu.

Logo no dia seguinte, isto é, 5.1.2015, a autora procedeu ao FORMULÁRIO DE CONTESTAÇÃO, conforme documento anexo, com timbre do 1º réu.

II — DO DEFEITO NA PRESTAÇÃO DOS SERVIÇOS

No mesmo dia do furto, 4.1.2015, foram realizadas diversas transações comerciais, com o cartão furtado da autora. Todas as transações foram informadas pela autora no FORMULÁRIO DE CONTESTAÇÃO, quais sejam: a) Posto Brasil R$ 150,00; b) Shop Central = R$ 2.274,60; c) Via São João= R$ 3.626,88; d) Shop Etc. e Tal = R$ 772,00; e) Mister cell = R$ 1099,00; f) Auto Posto Avohai= R$ 126,00; g) Mariana Shop= R$ 24,00.

O total dos valores gastos, por meio do cartão de crédito furtado da autora, foi de R$ 8.072,48 (oito mil e setenta e dois reais e quarenta e oito centavos).

Assim é flagrante o defeito na prestação dos serviços, porque o limite de crédito da autora era de R$ 6.050,00, conforme documento emitido pelo próprio réu.

O defeito é muito cristalino, porque a autora já tinha os valores de R$ 1.933,63 e R$ 678,30, a serem debitados do limite de crédito informado acima, conforme cópia da fatura, com vencimento para 15/1/2015.

Excelência, como o 1º réu permitiu a realização de compras no valor de R$ 8.072,48 (oito mil e setenta e dois reais e quarenta e oito centavos), por meio do cartão de crédito da autora, se esta só tinha R$ 3.438,07 de crédito (R$ 6.050,00 – R$ 1.933,63 – R$ 678,30)????????????? É evidente o defeito na prestação dos serviços.

III — DO SEGURO CONTRA PERDA E ROUBO

A atitude dos réus de negar o estorno do valor de R$ 8.072,48 (oito mil e setenta e dois reais e quarenta e oito centavos) revela-se ilegal e abusiva, porque a autora paga "seguro proteção perda e roubo" (documento anexo).

IV. DA REPARAÇÃO POR DANOS MATERIAIS

Conforme vastamente explicitado na presente peça inicial, os réus foram imprudentes ao autorizarem a realização de transações excedentes do crédito da autora, com o cartão furtado.

Além do mais, se a autora está em dia com o pagamento do seguro contra perda e roubo do cartão de crédito, não poderiam os réus se negar ao estorno do valor indevidamente gasto por meio do cartão de crédito da autora.

Como se trata de relação jurídica, abarcada pelo Código de Defesa do Consumidor, entende a autora, com espeque no artigo 42, parágrafo único, do referido Código, que os réus devem ser condenados, solidariamente, ao pagamento em dobro do que foi gasto por meio do cartão de crédito furtado, totalizando R$ 16.144,96.

V. DOS DANOS MORAIS

Excelência, a postura dos réus, inquestionavelmente, é ilegal, abusiva, estando na contramão do Código de Defesa do Consumidor e da CRFB/88. De forma irretorquível, constata-se que a conduta dos réus feriu o princípio da dignidade da pessoa humana.

A autora é profissional liberal, enfermeira, e ter de pagar o vultoso valor de R$ 8.072,48, de forma indevida, trouxe-lhe a sensação de desespero, angústia e de MUITA AFLIÇÃO.

Válido, ainda, registrar que o salário possui natureza alimentar e, de forma "direta", os réus estão se beneficiando, indevidamente, de parte do salário da autora. Assim, resta caracterizado o assédio moral, que, no presente caso, é *ipso facto*. Nessa toada o entendimento jurisprudencial, in verbis:

> **Ementa:** APELAÇÃO CÍVEL. CARTÃO DE CRÉDITO. AÇÃO DE INEXIGIBILIDADE DE DÉBITO CUMULADA COM INDENIZATÓRIA POR DANOS MORAIS. FURTO DE CARTÃO CRÉDITO. RESPONSABILIDADE DA INSTITUIÇÃO FINANCEIRA. O autor observou os procedimentos adequados diante do furto de seu cartão de crédito, tendo realizado comunicação policial dois dias depois do ocorrido e imediato contato com a instituição financeira. A cobrança indevida de compras não realizadas pelo autor, quando devidamente informada à instituição financeira a ocorrência de furto do cartão, gera o dever de indenizar. DANO MORAL CARACTERIZADO. Não exige prova de prejuízo material ou de constatação de abalo psicológico sofrido pela vítima. A caracterização desta

espécie de dano está na violação de um direito, de um interesse jurídico tutelado material ou moralmente, não dependendo de prova do sentimento negativo consequente, o qual deverá ser considerado quando da quantificação do dano. REPETIÇÃO DO INDÉBITO. Devolução de modo simples, eis não comprovada a má-fé da demandada. RECURSO PARCIALMENTE PROVIDO. (Apelação Cível N. 70057268740, Vigésima Quarta Câmara Cível, Tribunal de Justiça do RS, Relator: Breno Beutler Junior, Julgado em 26.3.2014)

VI. DOS PEDIDOS

Diante dos argumentos fáticos e jurídicos expostos, requer a Vossa Excelência:

a) a declaração de que a cobrança do valor de 8.072,48, oriundo da utilização do cartão de crédito furtado da autora é indevida, pelos fundamentos expostos na causa de pedir;

b) a declaração de que os réus são, solidariamente, responsáveis pelos danos causados à autora, à luz do Código de Defesa do Consumidor, mormente por pertencerem ao mesmo grupo econômico;

c) a condenação dos réus, solidariamente, ao pagamento, em dobro, do valor pago pela autora, em virtude da utilização do cartão de crédito furtado, no total de R$ 16.144,96 (dezesseis mil, cento e quarenta e quatro reais e noventa e seis centavos) 8.072,48 x2, conforme estabelece o parágrafo único, do art. 42, do Código de Defesa do Consumidor;

d) a condenação dos réus, solidariamente, ao pagamento do valor de R$ 14.000,00 (catorze mil reais), a título de reparação por danos morais;

e) a citação dos réus, para virem responder aos termos da presente, caso queiram, sob pena de suportarem os efeitos da revelia e confissão quanto à matéria de fato, esperando a procedência dos pedidos, com a condenação destes nas parcelas acima postuladas, acrescidas de juros e de correção monetária;

f) a inversão do ônus da prova, com base no art. 6°, inciso VIII, do Código de Defesa do Consumidor.

Requer provar o alegado por todos os meios admitidos em Direito, especialmente, a documental superveniente e o depoimento dos prepostos dos réus.

Dá-se à causa o valor de R$ 30.144,96 (trinta mil, cento e quarenta e quatro reais e noventa e seis centavos).

Nesses termos, pede deferimento.

(local e data)

Christiano Abelardo Fagundes Freitas
OAB/RJ 117085

8.16. Exercícios

1) Observe as seguintes assertivas:

I — A petição inicial cível tem como requisito o valor da causa.

II — Toda petição inicial cível precisa do requerimento de citação do réu.

III — No Processo do Trabalho, os litigantes são chamados de reclamante e reclamado.

É correto afirmar:

a) Todas as assertivas estão corretas;

b) Todas as assertivas estão incorretas;

c) estão incorretas as assertivas I e III;

d) apenas a assertiva II está incorreta.

Gabarito: letra "d". Justificativa: nas iniciais de jurisdição voluntária, não há réu.

CAPÍTULO 9

ERROS MAIS COMUNS NAS PEÇAS PROCESSUAIS

Além dos casos apontados em capítulos anteriores, trataremos agora de outros deslizes que são frequentes, dando ênfase à ortografia e à regência verbal.

9.1. Ortografia

À esquerda, colocaremos a grafia incorreta, e à direita, em caixa alta, a correta grafia.

incorreta / correta

Abóboda / ABÓBADA

Aerosol / AEROSSOL

Aficcionado / AFICIONADO

Antúlio / ANTÚRIO

Armonia / HARMONIA

Azuleijo / AZULEJO

Detetar / DETECTAR

Dignatário / DIGNITÁRIO

Erança / HERANÇA

Espontaniedade / ESPONTANEIDADE

Estrupo / ESTUPRO

Excessão / EXCEÇÃO

Extorção / EXTORSÃO

Impecilho / EMPECILHO

Ítens / ITENS

Juíz / JUIZ

Mauversar / MALVERSAR

Menas / MENOS
Meretíssimo / MERITÍSSIMO
Mini-constituinte / MINICONSTITUINTE
Mixto / MISTO
Mortandela / MORTADELA
Ogeriza / OJERIZA
Porisso / POR ISSO
Prazeirosamente / PRAZEROSAMENTE
Pretenção / PRETENSÃO
Previlégio / PRIVILÉGIO
Proficional / PROFISSIONAL
Rúbrica / RUBRICA
Sossobrar / SOÇOBRAR
Usocapião / USUCAPIÃO
Usos e frutos/ USUFRUTO
Veredito / VEREDICTO

9.2. Regência verbal

Colocaremos a frase incorreta em cima e, logo abaixo, a regência correta, à luz da norma culta.

AMAR

A autora ama ao pai. (incorreta)

A autora ama **o** pai. (correta)

Obs.: o verbo amar é transitivo direto, logo pede complemento sem preposição.

ASSISTIR (no sentido de ver)

As testemunhas assistiram o momento do crime. (incorreta)

As testemunhas assistiram **ao** momento do crime. (correta)

Obs.: o verbo assistir, quando usado no sentido de ver, de presenciar, exige complemento acompanhado da preposição "a".

Obs.: quando usado no sentido de caber, de pertencer, exige a preposição "a". Ex.: Assiste ao empregado o direito ao 13º salário.

CHEGAR

Ele chegou cedo no gabinete do juiz. (incorreta)

Ele chegou cedo **ao** gabinete do juiz. (correta)

Obs.: deve vir acompanhado da preposição "a" e não da preposição "em".

COMPARTILHAR

O juiz não compartilhou desta opinião. (incorreta)

O juiz não compartilhou **esta** opinião. (correta)

Obs.: o verbo compartilhar é transitivo direto, logo exige complemento sem a presença de preposição.

DESOBEDECER

Os condôminos desobedeceram o regulamento. (incorreta)

Os condôminos desobedeceram **ao** regulamento. (correta)

Obs.: exige complemento com a preposição "a".

ESQUECER

Esqueci do horário da audiência. (incorreta)

Esqueci o horário da audiência. (correta)

Quando vier acompanhado do pronome reflexivo "se", o verbo esquecer deve vir com a preposição de. Sem pronome, sem preposição "de".

DICAS DO PROFESSOR

A explicação acima se aplica ao verbo "LEMBRAR".

Lembrei o dia da prova (sem pronome, sem preposição).

Lembrei-me do dia da prova (com pronome reflexivo "me", com preposição).

FAVORECER

O julgado favoreceu ao réu. (incorreta)

O julgado favoreceu o réu. (correta)

Obs.: os verbos "favorecer", "prejudicar" e "beneficiar" são transitivos diretos, logo seus complementos dispensam a preposição.

IMPLICAR (no sentido de acarretar)

A desídia do empregado implica na dispensa por justa causa. (incorreta)

A desídia do empregado implica dispensa por justa causa. (correta)

Obs.: no sentido de *acarretar, resultar*, segundo a norma culta, é verbo transitivo direto, logo exige complemento sem preposição. Não use, pois, a preposição "em". A decisão do magistrado implicou mudança na postura do empregador.

IR

Vou na faculdade. (incorreta)

Vou à faculdade. (correta)

Obs.: deve vir acompanhado da preposição "a" e não da preposição "em".

NAMORAR

A autora namorou com o réu. (incorreta)

A autora namorou o réu. (correta)

Obs.: este verbo é transitivo direto.

OBEDECER

Devemos obedecer o professor. (incorreta)

Devemos obedecer ao professor. (correta)

Obs.: segue a regra do verbo desobedecer.

PAGAR

Eu paguei o dentista (incorreta).

Eu paguei ao dentista (correta).

O verbo pagar, quando se refere a uma pessoa, é transitivo indireto, logo exige complemento regido pela preposição "a".

O verbo pagar, quando se refere a uma coisa, é transitivo direto, logo exige complemento sem a preposição "a". Paguei o débito.

DICAS DO PROFESSOR

A explicação acima se aplica ao verbo "PERDOAR".

Perdoei o seu erro.

Perdoei ao meu irmão.

PREFERIR

Ele prefere estudar do que trabalhar. (incorreta)

Ele prefere estudar a trabalhar. (correta)

Obs.: é verbo transitivo direto e indireto, logo exige dois complementos: um sem e o outro com a preposição "a". Na oração: meus alunos preferem livro a caderno, o objeto direto é livro e o objeto indireto é caderno.

PROCEDER

O juiz procedeu o despacho (incorreta).

O juiz procedeu ao despacho (correta).

O verbo proceder, no sentido de realizar, de iniciar, exige complemento com a preposição "a".

> No sentido de "originar-se", o verbo proceder é intransitivo e deve vir acompanhado de adjunto adverbial de lugar contendo a preposição "de".
>
> O juiz procede de Minas Gerais.

PUXAR (no sentido de ter semelhança, parecer)

O réu puxou o pai. (incorreta)

O réu puxou **ao** pai: é muito ansioso. (correta)

Obs.: no sentido de parecer, é transitivo indireto.

Obs.: no sentido de "mancar", deve-se usar "puxar de". Ex.: a autora puxava de uma das pernas.

USUFRUIR

Ele usufruiu da herança. (incorreta)

Ele usufruiu **a** herança. (correta)

Obs.: os verbos usufruir e desfrutar são transitivos diretos, logo exigem complemento sem preposição.

9.3. VERBOS: os erros mais frequentes nas peças processuais

Neste tópico, vamos relacionar os verbos cujo emprego causa maior dificuldade no momento de redigir o texto jurídico.

A OAB e os concursos não perdoam esses erros; assim, de forma despretensiosa, apenas com o desiderato de ajudar a dirimir algumas dúvidas, vamos tecer breves comentários.

1) Deter

O verbo deter é derivado do verbo TER e deve seguir o modelo deste.

Ele teve / Ele de**teve**

Elas tiveram / Elas de**tiveram**

Se eu tivesse / Se eu de**tivesse**

Portanto, vamos dizer que "os policiais DETIVERAM (e não deteram) os estupradores".

2) Estar

Não existe a forma "esteje", infelizmente tão utilizada no cotidiano. O certo é ESTEJA.

3) Expor

O verbo EXPOR é derivado do verbo PÔR; logo, deve seguir o modelo deste.

Eu ponho / Eu ex**ponho**

Eu pus / Eu ex**pus**

Se eu puser / Se eu ex**puser**

Eles puseram / Eles ex**puseram**

4) Intervir

Um erro bastante comum, nas peças processuais, está relacionado à conjugação do verbo INTERVIR.

O verbo INTERVIR é derivado do verbo VIR, devendo ser conjugado com base neste.

Eu venho / Eu inter**venho**

Eu vim / Eu inter**vim**

Ele veio / Ele inter**veio**

Se ele viesse / Se ele inter**viesse**

Assim, nada de peticionar dizendo que o Ministério Público não "interviu" no processo.

5) Manter

O verbo manter é derivado do verbo TER; logo, deve seguir o modelo deste verbo.

Quando eu tiver / Quando eu man**tiver**

Se eu tivesse / Se eu man**tivesse**

Nada de dizer: se eu "mantesse" a calma.

6) Optar

Quem já não ouvir alguém dizer: eu OPITO?

Nobre leitor, o verbo OPTAR não possui "i".

O correto é dizer: eu OPTO.

7) Perder

Muitas pessoas confundem o emprego da forma verbal PERCA com o do substantivo PERDA.

Ex.: a morte da juíza foi uma **perda** irreparável para o Juizado Especial Cível.

Ex.: caso eu **perca** o prazo, o juiz decretará a prescrição.

RESUMO: perca é verbo; perda é substantivo.

8) Poder

É comum algumas pessoas trocarem o uso de PÔDE com PODE.

PODE é forma do presente do indicativo.

PÔDE é forma do pretérito perfeito do indicativo, indicando tempo transcorrido, isto é, passado.

Hoje, o juiz não **pode** homologar acordos não constantes da pauta (tempo presente).

Na semana passada, ele não pôde presidir o Júri (tempo passado).

9) Pôr

Não se deve confundir POR (preposição) com PÔR (verbo).

Eu vou por esta estrada (preposição).

Eu vou pôr as partes frente a frente (verbo).

> **DICAS DO PROFESSOR**
>
> Os derivados do verbo pôr não possuem acento circunflexo no infinitivo: repor, antepor etc.
>
> Obs.: as formas do verbo pôr devem ser grafadas com "s": pus, puser, pusermos etc.

10) Querer

Assim como se dá com as formas do verbo pôr, também ocorre com as formas do verbo querer: devemos grafá-las com "s".

Ex.: quis, quisesse, quiser, quiseram, quiseste etc.

11) Requerer

Trata-se de verbo muito empregado nas peças processuais, mormente no que tange à produção de provas.

Insta salientar que REQUERER **não** é derivado do verbo querer, pois REQUERER não é QUERER outra vez.

Devemos dizer, pois, que o réu requereu (e não requis) a prova pericial.

12) Ter

No dia a dia forense, percebemos que alguns ficam com dúvida no momento de empregar o verbo **ter**, isto é, quando se usa TEM ou TÊM.

TEM é terceira pessoa do singular do presente do indicativo.

Ex.: O réu não **tem** outras provas a produzir.

TÊM é terceira pessoa do plural do presente do indicativo.

Ex.: As partes **têm** o prazo de oito dias para a interposição do recurso ordinário.

> **DICA DO PROFESSOR**
>
> Não existe têem, que, lamentavelmente, aparece de vez em quando nos textos.

13) Ver

O futuro do subjuntivo do verbo VER é VIR.

Ex.: Quando eu VIR o defensor público, dar-lhe-ei o recado.

14) Viajar

Há quem confunda "VIAJEM" com "VIAGEM".

Viagem é substantivo.

Ex.: Os estagiários disseram que a **viagem** ao TRT foi muito boa!

Viajem é verbo.

Ex.: Quero que vocês **viajem** muito.

15) Vir

A dúvida relacionada ao emprego de tem ou têm também ocorre **com o uso de vem ou vêm.**

VEM é terceira pessoa do singular.

Ex.: O réu **vem** à audiência.

VÊM é terceira pessoa do plural.

Ex.: As testemunhas **vêm** depor.

> **DICA DO PROFESSOR**
>
> **VEEM é forma do verbo VER (e não vir).** Ex.: Os juízes não veem a recusa do réu em realizar o exame de DNA com bons olhos. Obs.: com a reforma ortográfica, a palavra perde o acento circunflexo.

16) Viger

Este verbo é sinônimo de vigorar. O gerúndio do verbo VIGER causa dúvida. O certo é **VIGENDO** (e não vigindo).

Ex.: O contrato de trabalho ainda está vigendo.

9.4. Alguns verbos irregulares e defectivos

1) Abolir

Nada de dizer "eu ABULO tal prática".

O verbo abolir é defectivo, não possuindo a primeira pessoa do singular do presente do indicativo.

Eu (não existe), tu aboles, ele abole, nós abolimos, vós abolis e eles abolem.

> **DICA DO PROFESSOR**
> O jeito é dizer: eu **estou abolindo** esta conduta na minha empresa.

2) Adequar

Aqui o problema é bastante sério: muita gente "boa" diz: eu me adéquo às necessidades do serviço.

O verbo adequar é defectivo, só possuindo, no presente do indicativo, a primeira e a segunda pessoa do plural: nós adequamos, vós adequais.

Logo nada de falar, por exemplo, que o empregado não se adéqua (ou adequa).

3) Aderir

O verbo aderir é irregular. A primeira pessoa do presente do indicativo é ADIRO.

Eu adiro ao projeto porque é de cunho social.

4) Colorir

O verbo colorir é defectivo, não possui a primeira pessoa do singular do presente do indicativo.

Nada de dizer, por exemplo, eu coloro muito bem.

5) Computar

O verbo COMPUTAR é defectivo, só possuindo **plural**, no presente do indicativo, logo nada de dizer eu computo, tu computas, ela computa.

No presente do indicativo, o verbo computar só apresenta as seguintes formas: nós computamos, vós computais, eles computam.

6) Extorquir

Este verbo também é defectivo, não possuindo a primeira pessoa do singular do presente do indicativo (eu).

7) Precaver-se

Trata-se de outro verbo defectivo. **No presente do indicativo, só possui precavemos e precaveis.** Portanto nada de dizer eu me precavenho ou eu me precavejo.

8) Reaver

Com este verbo ocorre o mesmo do verbo PRECAVER-SE, no presente do indicativo, ou seja, só possui "nós reavemos" e "vós reaveis".

9.5. Exercício de fixação

1. Nas orações abaixo, faça a retificação necessária.

a) Como o Ministério Público não interviu no processo de adoção, foi decretada a nulidade da sentença.

b) Se ele propor o acordo, não vou aceitar parcelamento.

c) Quando o réu depor, a verdade vai aparecer.

d) Eu intervi no feito.

e) Espero que o Ministério Público esteje atuando no feito, como fiscal da lei.

f) Se ele manter a proposta, agora vou aceitá-la.

g) Se você pôr as fotos, precisará apresentar os negativos.

h) Os autores tem razão: a ação de alimentos tem rito especial.

Gabarito: a) interveio; b) propuser; c) depuser; d) intervim; e) esteja; f) mantiver; g) puser; h) têm.

2. Assinale a alternativa com erro de regência.

a) Perdoamos o vizinho.

b) Paguei o salário ao empregado.

c) Paguei o CD.

d) O aluno obedeceu ao regulamento.

e) O professor procederá ao debate sobre o livro FIM, de autoria de Fernanda Torres.

Gabarito: "a".

CRASE

Inicialmente, necessário registrar que crase não é nome de acento, mas, sim, a fusão de vogais idênticas (a+a). Quando ocorre a crase, usa-se o acento grave.

Ocorrerá a crase (fusão) sempre que o termo anterior exigir a preposição **a** e o termo posterior admitir o artigo **a** ou **as**. Exemplos:

O juiz se referiu à testemunha.

O promotor de justiça foi à cidade na qual ocorreu o homicídio.

10.1. NUNCA OCORRE CRASE

1) diante de palavras do gênero masculino:

Gosto de andar a cavalo.

Não assisto a filme dublado.

2) antes de verbos:

Os alunos começaram a aprender francês.

Brinquedos a partir de R$ 5,00.

3) entre palavras repetidas:

As partes ficaram cara a cara no dia da audiência.

O paciente tomava o medicamento gota a gota.

4) diante de pronomes que repelem o artigo:

Entregarei o livro a Vossa Excelência.

O defensor se referiu a ela durante a sessão no plenário do júri.

Essa informação não interessa a ninguém no processo.

5) quando um a (no singular) estiver diante de uma palavra no plural:

O promotor de justiça falava a pessoas interessadas.

Não vou a festas.

6) antes das palavras CASA (no sentido de lar), TERRA (no sentido de chão firme) e DISTÂNCIA sem a presença de um determinante:

Chegamos cedo a casa.

Voltamos a terra.

Observamos tudo a distância.

DICA DO PROFESSOR

Caso os vocábulos CASA e TERRA venham especificados, haverá o acento grave:

Chegamos cedo à casa dos autores.

Os marinheiros voltaram à terra natal.

Quando a distância vier especificada, haverá o acento grave:

Observamos tudo à distância de 5 metros.

Em resumo: sem determinante, sem acento grave; com determinante, com acento indicativo da crase.

---

7. antes dos pronomes "quem" e "cuja":

Esta é a gerente a quem obedeço.

Este é o escritor a cuja obra nos referimos ontem na palestra.

10.2. SEMPRE OCORRE CRASE

1) na indicação de horas, desde que, ao substituir o número pela expressão "meio-dia", apareça "ao" meio-dia:

Os alunos chegaram às sete horas (ao meio-dia) para o seminário.

O juiz do trabalho chegou às nove horas (ao meio-dia) para a audiência.

2) diante da palavra "moda" da expressão "à moda de", mesmo que o vocábulo "moda" fique subentendido:

Comeram bacalhau à Gomes de Sá.

Possui um estilo à José Cândido de Carvalho.

> **DICA DO PROFESSOR**
>
> Prezado leitor, nas expressões "frango a passarinho" e "bife a cavalo", não há acento grave, porque não fica subentendida a palavra "moda".
>
> Um bife a cavalo não é um bife à moda do cavalo. Chega a ser cômico. Como seria um frango à moda do passarinho? Um frango que sai "voando" do prato, feito passarinho??? Haja criatividade!

3) nas locuções adverbiais femininas: à vontade, à toa, às pressas, às escuras, às escondidas, à disposição, à tarde, à noite:

O autor ficou muito à vontade na hora da audiência.

As testemunhas chegaram à tarde.

Segundo a testemunha, o réu sempre agia às escondidas.

O orientador de monografia sempre estava à disposição dos alunos.

4) nas locuções prepositivas femininas: à espera de, à procura de, à margem de, às expensas de, à cata de:

O aluno estava à procura de ajuda.

O trabalhador requereu a reparação por danos morais, argumentando que foi colocado à margem da cadeia produtiva.

5) nas locuções conjuntivas femininas: à medida que, à proporção que, à maneira que:

À proporção que estudava os princípios do Direito do Trabalho, mais fascinado ficava o aluno.

10.3. Emprego facultativo

1) com nomes próprios femininos:

Refiro-me à Bruna ou Refiro-me a Bruna.

> **DICA DO PROFESSOR**
>
> Não haverá acento grave com nomes femininos de personagens históricas, mitológicas.
>
> O palestrante referiu-se a Joana D'Arc.
>
> O compositor prestou uma homenagem a Afrodite.

2) após a preposição "até":

Fomos até a sala ou Fomos até à sala.

3) diante de pronomes possessivos femininos no singular:

Obedeço à sua mãe ou Obedeço a sua mãe.

Referi-me à sua secretária ou Referi-me a sua secretária.

10.4. Casos especiais

1) Crase antes de nomes de lugar

Nesses casos, há uma dica bastante prática. Coloca-se o nome do lugar depois das expressões "VOLTO DE, VOLTO DA". Se a expressão utilizada for "VOLTO DE", não há crase. Caso a expressão utilizada seja "VOLTO DA", então há crase.

Iremos a Roma na próxima semana. (Voltaremos de Roma)

Os alunos do curso de Direito irão à Itália. (Voltarão da Itália)

Vou à Bahia. (Voltarei da Bahia)

> **DICA DO PROFESSOR**
>
> **Se o nome de lugar vier determinado, especificado, haverá crase:**
>
> **Iremos à Roma antiga na próxima semana.**

2) Crase com os pronomes demonstrativos aquele(s), aquela(s), aquilo

Com os pronomes demonstrativos acima, haverá crase sempre que o termo antecedente exigir a preposição "a".

Refiro-me àquela grande intérprete da nossa música popular.

Seus CDs são iguais àqueles que estavam na promoção.

Prefiro o arroz àquilo.

> **DICA DO PROFESSOR**
> O uso do acento grave com os pronomes demonstrativos acima depende apenas da regência.

3) Crase com os pronomes relativos "a qual" (e flexão) e "que"

Para saber se há crase com o pronome relativo a qual (e flexão), observe a seguinte dica: troque os termos femininos por masculinos, aparecendo "ao", haverá crase.

A cidade à qual iremos possui muitos pontos turísticos.

O município ao qual iremos possui muitos pontos turísticos.

Com o pronome relativo "que" haverá crase, quando antes dele aparecer o pronome demonstrativo "a"(que pode ser substituído por aquela).

Sua camisa era semelhante à (àquela) que comprei na viagem.

> **DICA DO PROFESSOR:**
> **Em caso de dúvida, utilize a dica da substituição:** troque os termos femininos por masculinos, aparecendo "ao", haverá crase.
> Seu tênis era semelhante "ao" que comprei na viagem.

10.5. Exercícios

1) Assinale a alternativa com erro.

a) A proposta salarial do atual empregador é semelhante à do futuro empregador.

b) Ficamos frente a frente com o acusado.

c) Ela gosta de andar a cavalo.

d) O angu à baiana fez o maior sucesso no almoço.

e) Estamos aqui desde às 4 horas.

2) Assinale a alternativa com erro.

a) A francesa saiu à francesa.

b) Os palestrantes chegaram à noite.

c) Ele agia sempre às escondidas.

d) Entregaram os documentos à ela.

e) Refiro-me àquilo que aconteceu na sessão do júri.

Gabarito: 1)"e" (estamos aqui desde "o meio-dia", logo não há crase); 2) "d".

CAPÍTULO 11

CONCORDÂNCIA VERBAL

O verbo concorda em pessoa e número com o sujeito. Trata-se de regra fundamental de concordância. Passaremos a examinar os casos de concordância verbal que suscitam dúvidas.

11.1. Sujeito composto

Caso o sujeito tenha mais de um núcleo (sujeito composto), a concordância deverá ser feita da seguinte forma:

1) Sujeito composto antes do verbo — o verbo obrigatoriamente vai para o plural.

Elba Ramalho e Dominguinhos representam muito bem a cultura nordestina.

2) Sujeito composto depois do verbo — o verbo ou vai para o plural, ou concordará com o núcleo mais próximo. Neste último caso, chamamos de concordância atrativa.

Chegaram o livro e o caderno.

Chegou o livro e o caderno.

11.2. Sujeito composto com palavra resumitiva

Quando o sujeito composto vier resumido por palavras como "tudo", "nada", "ninguém", "todos",o verbo concordará obrigatoriamente com a palavra resumitiva.

Alunos, professores, pais de alunos, coordenadores todos foram ao churrasco de formatura.

Alunos, professores, pais de alunos, coordenadores ninguém faltou ao churrasco de formatura.

11.3. Sujeito coletivo

Quando o sujeito é um coletivo, o verbo deve ficar no singular.

A multidão aplaudiu o lindo gol.

> **DICA DO PROFESSOR**
>
> Se o coletivo estiver especificado, o verbo pode ficar no singular ou concordar com o termo especificador.
>
> A multidão de torcedores aplaudiu o lindo gol ou A multidão de torcedores aplaudiram o lindo gol.

11.4. Concordância com nomes que só se usam no plural

Quando o sujeito é um nome que só se usa no plural e não vem acompanhado de artigo, o verbo fica no singular.

Minas Gerais revelou muitos talentos literários.

Férias faz muito bem para a saúde mental do trabalhador.

Alpes fica na Europa.

> **DICA DO PROFESSOR**
>
> Se vier acompanhado de artigo, a concordância será feita com o artigo. As Minas Gerais revelaram muitos talentos literários. O Amazonas é um grande rio.
>
> Se o artigo for parte do nome próprio, o que é muito comum em obras literárias, é correto deixar o verbo no singular ou no plural. Os Lusíadas conta (ou contam) a história do povo português.

11.5. Sujeito constituído pelo pronome relativo que

Quando o sujeito é o pronome relativo QUE, o verbo concordará com o termo antecedente ao pronome relativo.

Fui eu que falei a verdade.

Fomos nós que falamos.

11.6. Sujeito constituído pelo pronome relativo quem

Quando o sujeito é o pronome relativo QUEM, o verbo concordará com o pronome relativo, ficando na 3ª pessoa do singular, ou concordará com o antecedente do pronome relativo quem.

Fui eu quem falou (concordância com o pronome relativo).

Fui eu quem falei (concordância com o antecedente do pronome relativo).

11.7. Sujeito constituído da expressão um dos que ou uma das que

Quando o sujeito for constituído da expressão "um dos que" ou "uma das que", o verbo pode ficar no singular ou no plural.

As rosas falam foi um dos poemas que fizeram sucesso fora do país.

As rosas falam foi um dos poemas que fez sucesso fora do país.

11.8. Sujeito composto com núcleos ligados pelo conectivo "ou"

Se o conectivo "ou" estabelecer ideia de exclusão, o verbo ficará no singular.

Vasco ou Flamengo será o vencedor do torneio.

Se o conectivo "ou" não estabelecer ideia de exclusão, o verbo irá para o plural.

Guarapari ou Rio das Ostras são excelentes opções para passar as férias.

11.9. Concordância do verbo com o "se" — índice de indeterminação do sujeito

Quando o verbo estiver acompanhado do "SE" — índice de indeterminação do sujeito — ficará obrigatoriamente no singular:

Precisa-se de professores de literatura brasileira.

Acredita-se em discos voadores.

Trabalha-se em ambientes insalubres.

Necessita-se de donativos.

DICA DO PROFESSOR

Quando o "se" funciona como índice de indeterminação do sujeito, estará ao lado de verbo intransitivo ou de um verbo transitivo indireto.

11.10. Concordância do verbo com o "se" — pronome apassivador

Quando o verbo estiver acompanhado do "SE" — pronome apassivador — concordará obrigatoriamente com o sujeito.

Alugam-se ternos.

Dão-se aulas de português.

Vendem-se casas.

> **DICA DO PROFESSOR**
> Quando o "se" funciona como pronome apassivador, estará ao lado de verbo transitivo direto.

11.11. Concordância do verbo haver

Quando o verbo haver estiver empregado com significado de existir, obrigatoriamente ficará no singular.

Havia motivos para a dispensa por justa causa do trabalhador.

Mesmo que o verbo haver, no sentido de existir, esteja acompanhado de um verbo auxiliar, formando uma locução verbal, o singular será obrigatório.

Devia haver motivos para a dispensa por justa causa do trabalhador.

Deverá haver amanhã mais de trezentos livros na exposição.

> **DICA DO PROFESSOR**
> O verbo existir não é impessoal, logo deve concordar com o sujeito.
> Existiam mais de cem autos de processos sobre a mesa do juiz.

11.12. Concordância do verbo fazer

O verbo fazer indicando tempo é impessoal, devendo ficar, pois, na terceira pessoa do singular.

Fazia três anos que não vinha a São Fidélis.

Vai fazer vinte anos que Christiano não vem ao Rio de Janeiro.

Faz duas horas que o paciente chegou e ainda não foi atendido.

11.13. Sujeito formado pelas expressões mais de um/ mais de dois

Quando o sujeito for constituído pelas expressões "mais de um", "mais de dois" etc., o verbo concordará com o numeral constante dessas expressões.

Mais de um aluno faltou à palestra.

Mais de dois alunos faltaram à palestra.

DICA DO PROFESSOR

Existem dois casos em que o verbo vai para o plural, mesmo com a expressão "mais de um": quando vier repetida e quando indicar reciprocidade.

Mais de um cantor, mais de um compositor participaram do Café Literário (verbo no plural, porque está repetida a expressão).

Mais de um veículo chocaram-se (verbo no plural, porque a expressão está indicando reciprocidade).

11.14. Sujeito formado por pessoas gramaticais diferentes

Quando o sujeito composto for constituído de pessoas gramaticais diferentes, o verbo vai para o plural, observando-se o seguinte: a 1ª pessoa tem prioridade sobre a 2ª e 3ª pessoas.

Léa (3ª pessoa) e eu (1ª pessoa) proferirmos (verbo na 1ª pessoa do plural) a palavra.

A 2ª e a 3ª pessoas são equivalentes, podendo o verbo ficar na 2ª ou na 3ª pessoa do plural.

Tu (2ª pessoa) e ela (3ª pessoa) sereis (2ª pessoa do plural) grandes amigos.

Tu (2ª pessoa) e ela (3ª pessoa) serão (3ª pessoa do plural) grandes amigos.

11.15. Exercícios

1) Assinale a alternativa com erro de concordância verbal:

a) Houve motivos para a dispensa do empregado.

b) Mais de um aluno resolveu a questão.

c) Vende-se imóveis.

d) Plastificam-se documentos.

e) Caetano Veloso e Djavan foram homenageados na sessão.

2) Assinale a alternativa com erro de concordância verbal:

a) A multidão gritava durante a apresentação da cantora.

b) A multidão de fanáticos torcedores gritava o nome do artilheiro.

c) A multidão de fanáticos torcedores gritavam o nome do artilheiro.

d) Fomos nós que pagamos o débito do ator.

e) Ainda não chegou os móveis comprados no mês passado.

3) Assinale a alternativa com erro de concordância verbal:

a) Primos, tios, sobrinhos, todos foram à festa.

b) Primos, tios, sobrinhos, ninguém faltou à reunião.

c) O caderno e a caneta chegou.

d) Chegou o caderno e a caneta.

e) Chegaram o caderno e a caneta.

4 — Assinale a alternativa com erro de concordância verbal:

a) Mais de um aluno do curso de Administração foi à reunião.

b) Existem motivos para a greve.

c) Um grupo de alunos foi ao congresso sobre contabilidade.

d) Houveram momentos de muita polêmica na reunião.

e) Mais de um contador, mais de um administrador foram ao congresso.

Gabarito: 1)"c"; 2) "e"; 3) "c"; 4) "d".

CAPÍTULO 12

EXPRESSÕES LATINAS EMPREGADAS NO TEXTO JURÍDICO

Os especialistas em linguagem jurídica criticam o emprego, em excesso, de expressões latinas nos textos jurídicos. Concordo com esses profissionais, pois o jurisdicionado precisa compreender o que está escrito. Às vezes, as partes envolvidas em um litígio não sabem, por exemplo, em uma audiência, o que está acontecendo, pelo excesso de expressões latinas utilizadas.

A escola de Magistratura, recentemente, lançou uma campanha pela simplificação da linguagem jurídica. Abaixo, apresentaremos o rol das expressões latinas mais frequentes nos textos jurídicos.

Aberratio delicti: erro na execução

Aberractio ictus: erro de alvo

Aberratio rei: erro de coisa

Ab initio: desde o início

Ab intestato: falecer sem deixar testamento

Ab irato: no ímpeto da ira

Ab ovo: desde o início

Abolitio criminis: abolição do crime (art. 2º, do CP)

Acessorium sequitur principale: o acessório segue o principal. Trata-se do princípio da gravitação jurídica.

A contrario sensu: de modo contrário

Actio in personam: ação pessoal

Actio in rem: ação real ou sobre a coisa

Actio quanti minoris: ação de diminuição de preço (está relacionada aos vícios redibitórios).

Ad argumentandum tantum: apenas para argumentar

Ad causam: para a causa

Ad cautelam: por cautela

Ad corpus: por inteiro

Ad hoc: para isto; substituição temporária

Ad judicia: para o foro em geral, para fins judiciais (cláusula constante de procuração)

Ad negotia: para os negócios extrajudiciais

Ad quem: tribunal superior

Ad quo: tribunal de origem

Ad referendum: na pendência de aprovação de autoridade competente

Animus: intenção

Animus autendi: intenção de abusar

Animus adjuvandi: intenção de ajudar

Animus dolandi: intenção dolosa, de prejudicar

Animus furtandi: intenção de furtar

Animus jocandi: intenção de brincar

Animus lucrandi: intenção de lucrar

Animus necandi: intenção de matar

Animus nocendi: intenção de prejudicar

Animus possidendi: intenção de possuir

Animus simulandi: intenção de simular

Animus solvendi: intenção de pagar

Animus violandi: intenção de violar

Bens pro diviso: bens divisíveis

Bens pro indiviso: bens indivisíveis

Bis in idem: incidência duas vezes sobre o mesmo fato

Caput: cabeça

Causa debenti: causa da dívida

Causa detentionis: causa da detenção

Causa petendi: causa de pedir (um dos elementos da ação)

Citra petita: aquém do pleiteado

Cláusula ad judicia: mandato outorgado para foro em geral

Competência ratione loci: em razão do lugar (*vide*, por exemplo, art. 651, da CLT)

Competência ratione valori: em razão do valor da causa

Contra legem: contra a lei

Coram lege: ante a lei

Corpus delicti: corpo de delito (obs.: a doutrina diferencia exame de corpo de delito e corpo de delito).

Corpus iuris civillis: trabalhos legislativos elaborados durante o reinado do imperador romano Justiniano.

Culpa in comitendo: culpa em cometer

Culpa in custodiendo: culpa em guardar

Culpa in eligendo: culpa em escolher (escolher mal)

Culpa in omittendo: culpa em omitir

Culpa in vigilando: culpa em vigiar

Custas ex lege: custas legais

Custas pro rata: custas para rateio entre as partes

Dano ex delicto: dano causado por ilícito penal com repercussão na área cível

Data venia: com o devido consentimento

Debitum conjugale: débito conjugal

De cujus: morto; falecido

De facto: de fato

De lege ferenda: da lei a ser criada

De lege lata: da lei criada

Dolo res ipsa: dolo presumido

Dolus bonus: dolo bom

Dolus malus: dolo mau

Erga omnes: contra todos (os direitos reais são *erga omnes*)

Erro facit: erro de fato

Error in objecto: erro sobre o objeto

Error in persona: erro sobre a pessoa

Error iuris: erro de direito

Ex abrupto: de súbito

Ex adverso: do lado contrário

Exequatur: execute-se

Ex iure: de acordo com o direito

Ex lege: de acordo com a lei

Ex more: de acordo com o costume (direito consuetudinário)

Ex nunc: que não retroage

Ex officio: de ofício

Extra petita: diferente do pleiteado (pode levar à nulidade da sentença)

Extrema ratio: extrema razão

Ex tunc: que retroage

Ex vi legis: por efeito da lei

Ex voluntate: pela vontade

Exceptio rei iudicato: exceção de coisa julgada

Fac-simile: reprodução fiel de um original (é possível a interposição de recurso por tal meio)

Facultas agendi: faculdade de agir

Forum rei sitae: local da situação da coisa

Fumus boni iuris: fumaça do bom direito (um dos requisitos para a concessão de liminar)

Gratia argumentandi: para argumentar

Generalistas parit obscuritatem: a generalidade gera a obscuridade

Habeas corpus: que tenhas teu corpo; remédio jurídico para assegurar a liberdade de ir e vir (obs.: para impetrar *habeas corpus*, não se exige a assistência por advogado)

Habeas data: que tenhas os dados; remédio constitucional adequado para obtenção de informações perante os bancos de dados e para a retificação de tais informações

Hic et nunc: aqui e agora

Honoris causa: título honorífico conferido a título de homenagem

Ictu oculi: percebido pela vista

Impotentia coeundi: impotência de conceber

Impotentia generandi: impotência de fecundar

Improbus: desonesto

In albis: em branco

In casu: a esse respeito

Inaudita altera parte: sem que seja ouvida a parte contrária. Obs.: incorreta a expressão *inaudita altera pars,* pois "parte" é ablativo absoluto.

In dubio pro reo: em dúvida, a favor do réu (um dos princípios mais relevantes do Direito Penal)

In fine: no fim

In initio litis: no início da lide

In limine: no começo

In limine litis: no começo da lide

Interpretatio cessant in claris: a interpretação cessa quando a lei é clara

Inter vivos: entre vivos

Intuitu personae: personalíssimo

In totum: totalmente

In verbis: nestes termos

Ipsis litteris: textualmente; com as mesmas letras

Ipsis verbis: sem tirar nem pôr; com as mesmas palavras

Ipso facto: pelo mesmo fato

Ipso iure: pelo mesmo direito

Iter criminis: itinerário do crime

Iura in re aliena: direitos sobre coisa alheia

Iura et de iure: presunção absoluta

Iuris tantum: presunção relativa (*vide* Súmula n. 12 do TST)

Ius: direito

Ius civile: Direito Civil

Ius fruendi: direito de gozar (*vide* art. 1228 do Código Civil)

Ius genitum: direito das gentes

Ius in re: direito real (*vide* art. 1.225 do Código Civil)

Ius naturale: direito natural

Ius non scriptum: direito não escrito

Ius persequendi: direito de perseguir (direito de sequela: uma das características dos direitos reais)

Ius possessionis: direito de possuir

Ius postulandi: direito de postular

Ius privatum: direito privado

Ius publicum: direito público

Ius puniendi: direito de punir

Ius sanguinis: direito de sangue

Ius scriptum: direito escrito

Ius soli: direito de solo

Lato sensu: sentido irrestrito

Legitimatio ad causam: legitimidade para a causa

Legitimatio ad processum: legitimidade para o processo

Lex: lei

Mens legis: espírito da lei

Meritum causae: mérito da causa

Modus adquirendi: modo de adquirir (os arts. 1.226 e 1.227, ambos do Código Civil, respectivamente, estabelecem o modo de se adquirir bens móveis e imóveis)

Modus faciendi: modo de fazer

Modus operandi: modo de trabalhar

Modus probandi: modo de provar

Modus vivendi: modo de viver

Mora accipiendi: mora do credor

Mora debitoris: mora do devedor

More uxorio: concubinato

Mutatis mutandis: mude-se aquilo que deve ser mudado

Nomen iuris: denominação legal

Non bis in idem: não incidência duas vezes sobre a mesma coisa

Norma agendi: norma de agir

Notitia criminis: notícia do crime

Nulla poena sine lege: não há pena sem lei (*vide* art. 1º, do CP)

Numerus clausus: número restrito, taxativo

Obligatio dandi: obrigação de dar

Obligatio faciendi: obrigação de fazer

Obligatio in solidum: obrigação solidária

Onus probandi: ônus da prova

Pacta sunt servanda: cumpram-se os contratos, pois fazem lei entre as partes

Pari passu: no mesmo passo

Patria potestas: pátrio poder

Per capita: por cabeça

Persecutio criminis: persecução do crime

Persona: pessoa

Pleno iure: pleno direito

Posse ad interdicta: posse que pode ser defendida pelos interditos possessórios

Posse ad usucapionem: tipo de posse que possibilita a aquisição da propriedade pela usucapião

Post scriptum: depois do escrito

Praeter legem: fora da lei

Procuração apud acta: procuração judicial, trasladada nos próprios autos

Pro forma: por formalidade

Pro labore: pelo trabalho

Pro rata: em proporção

Pro soluto: para pagamento

Pro solvendo: para pagar

Pro tempore: temporariamente

Quanti minoris: diminuição do preço

Ratione contractus: em razão do contrato

Ratione materiae: em razão da matéria

Ratione personae: em razão da pessoa

Ratione valori: em razão do valor

Rebus sic stantibus: mesmo estado de coisas

Reformatio in pejus: reforma para pior (proibida tal reforma no Processo Penal)

Rei sitae: onde a coisa se encontra

Rejeição in limine: rejeição liminar

Res: coisa

Res aliena: coisa alheia

Res communis: coisa comum

Res derelictae: coisa abandonada

Res extra commercium: coisa fora de comércio

Res furtiva: coisa furtada

Res iudicata: coisa julgada

Res publicae: coisa pública (república)

Secundum ius: segundo o direito

Secundum legem: segundo a lei

Sine die: sem data (leitura de sentença *sine die*)

Sine iure: sem direito

Sine qua non: sem a qual não

Si vis pacem para bellum: se queres a paz, prepara-te para a guerra

Stricto sensu: entendimento estrito

Sub iudice: pendente do juiz

Sui generis: especial

Sursis: suspensão condicional da pena

Suum cuique tribuere: dar a cada um o que é seu

Testis unus, testis nullus: testemunha única, testemunha nula; uma só testemunha, nenhuma testemunha

Ultra petita: além do pedido
Usque: até
Vacatio legis: vacância da lei
Verbi gratia: por exemplo, a saber
Vexata quaestio: questão controvertida
Vinculum juris: vínculo jurídico
Vis major: força maior
Vox populli, vox Dei: a voz do povo é a voz de Deus

12.1. Exercícios

1) Há erro em:

a) *sine qua non* = sem o qual não;

b) *in dubrio pro reo* = em dúvida, contra o réu;

c) *in albis* = em branco;

d) *sine die* = sem data;

e) *vacatio legis* = vacância da lei.

2) Há erro em:

a) *res* = coisa;

b) *Vox populli, vox Dei* = a voz do povo é a voz de Deus;

c) *Pro labore* = pelo trabalho;

d) *Pro rata* = em proporção;

e) *Animus necandi* = intenção de ajudar.

Gabarito: 1) "b"; 2) "e".

CAPÍTULO 13

DICAS DO ACORDO ORTOGRÁFICO

Necessário, inicialmente, ressaltar que se trata de Acordo meramente ortográfico, portanto restrito à língua escrita, não mexendo com a "pronúncia" das palavras. Assim sendo, mesmo com a eliminação do trema, as palavras sequestro, linguiça e cinquenta, por exemplo, continuam com a mesma pronúncia.

O objetivo do referido Acordo é a unificação ortográfica dos países que têm a Língua Portuguesa como idioma oficial: Brasil, Portugal, Angola, Cabo Verde, Guiné-Bissau etc.

O alfabeto volta a contar com 26 letras, pois foram reintroduzidas as letras K, W e Y. O alfabeto completo passa a ser: A, B, C, D, E, F, G, H, I, J, K, L, M, N, O, P, Q, R, S, T, U, V, W, X, Y, Z. As letras K, W e Y foram excluídas oficialmente na reforma de 1943, mas, na verdade, nunca desapareceram.

Passaremos a registrar algumas das novas regras, no que tange à acentuação gráfica e ao emprego do hífen.

13.1. Acentuação gráfica

O trema (¨) agora fica com o uso restrito às palavras estrangeiras e suas derivadas, como Müller, mülleriano, Hübner, hübneriano.

Abaixo, apresentaremos um paralelo, mostrando como as palavras eram grafadas e como ficam agora com o Acordo Ortográfico.

GRAFIA ANTIGA:

agüentar — bilíngüe — cinqüenta — delinqüente — eloqüente — freqüente — lingüiça — qüinqüênio — seqüestro — tranqüilo.

GRAFIA ATUAL:

aguentar — bilíngue — cinquenta — delinquente — eloquente — frequente — linguiça — quinquênio — sequestro — tranquilo.

Outra novidade está relacionada ao desaparecimento do acento nos vocábulos terminados em "êem" e "ôo(s)".

Era: abençôo, crêem (verbo crer), dêem (verbo dar), dôo (verbo doar), enjôo, perdôo (verbo perdoar), vêem (verbo ver).

Agora, essas palavras devem ser grafadas assim: abençoo, creem (verbo crer), deem (verbo dar), doo (verbo doar), enjoo, perdoo (verbo perdoar), veem (verbo ver).

Acabou a maioria dos acentos diferenciais. Por isso, de acordo com a reforma ortográfica, não se usa mais o acento que diferenciava, por exemplo, os vocábulos:

a) pára (forma do verbo parar) / para (preposição);

b) pêra (substantivo) / pera (preposição arcaica);

c) pêlo (substantivo) / pelo (contração de preposição e artigo);

d) pólo (substantivo) / polo (contração arcaica de preposição e artigo).

A partir de agora, vamos grafar pera (sem acento): comprei a pera na quitanda. Vamos também dizer que o pelo (sem acento) do cachorro está limpo.

O grande sucesso na voz de Cazuza "O tempo não pára" (Cazuza/ Arnaldo Brandão), agora, com o Acordo, fica "O tempo não para". Eis alguns versos: "Eu vejo o futuro repetir o passado/ Eu vejo um museu de grandes novidades/ O tempo não para/ Não para, não, não para." Não é apenas o tempo que não para: a Língua está em constante alteração também.

Atenção! Também perde o acento gráfico a forma para (do verbo parar) quando integra um composto separado por hífen: para-balas, para- brisa(s), para-choque(s), para-lama(s).

Imprescindível, no entanto, registrar que permanece o acento diferencial nos pares abaixo:

a) "pode" (presente do indicativo) / "pôde" (pretérito perfeito do indicativo);

b) pôr (verbo) / por (preposição).

Exemplos:

Na semana passada, Renato não pôde (passado) almoçar com a neta Gabriela, mas hoje ele pode (presente).

Não sei onde pôr (verbo) os novos livros de Direito do Trabalho.

Onde posso pôr (verbo) os brinquedos feitos por (preposição) você?

Não se coloca mais o acento dos ditongos abertos "éi" e "ói" dos vocábulos paroxítonos. Para quem já se esqueceu do que são palavras paroxítonas, registramos que são as palavras cuja sílaba tônica (forte) é a penúltima: açúcar, amável, fácil, fórum etc.

Antes da reforma, escrevíamos: alcatéia, andróide, asteróide, clarabóia, colméia, estréia, geléia, heróico, idéia, jibóia, jóia, odisséia, paranóia e platéia.

Agora, devemos escrever da seguinte forma: alcateia, androide, asteroide, claraboia, colmeia, estreia, geleia, heroico, ideia, jiboia, joia, odisseia, paranoia e plateia.

Quando Caetano Veloso compôs "Odara", a grafia era "jóia". Vamos recordar a letra dessa canção: "Deixa eu dançar pro meu corpo ficar odara/ Minha cara, minha cuca ficar odara/ Deixa eu cantar que é pro mundo ficar odara/ Pra ficar tudo jóia rara/ Qualquer coisa que se sonhara/ Canto e danço que Dara."

Nobre leitor, não se pode esquecer de que a regra acima é aplicável apenas às palavras paroxítonas, pois continuam acentuadas as palavras **oxítonas** terminadas em: "éis", "éu", "éus", "ói" e "óis", como, por exemplo, papéis, anéis, fiéis, troféu, troféus, herói, heróis.

Atenção: Méier, blêizer, contêiner, gêiser, destróier continuam acentuadas, porque são paroxítonas terminadas em 'r'.

Não se usa também o acento no "i" e no "u" tônicos das palavras paroxítonas quando vierem depois de um ditongo decrescente.

Era: baiúca — bocaiúva — feiúra. Agora: baiuca — bocaiuva — feiura.

Os acentos que diferenciam o singular do plural dos verbos TER e VIR, assim como de seus derivados (manter — deter — reter — conter — advir — convir — intervir) ficam inalterados.

O autor tem muitas provas.

Os autores têm muitas provas.

O desembargador vem da Paraíba.

Os desembargadores vêm da Paraíba.

O réu mantém a tese de legítima defesa.

Os réus mantêm a tese de legítima defesa.

O Ministério Público intervém nesses casos.

Os promotores intervêm nesses casos.

13.2. Hífen

Muitas foram as mudanças oriundas do Acordo Ortográfico quanto ao emprego do hífen. Passaremos a registrar algumas delas.

Emprega-se o hífen nas palavras compostas que não apresentam elementos de ligação. A seguir, alguns exemplos: ano-luz, arco-íris, bate-boca, bem-te-vi, boa-fé, conta-gotas, couve-flor, decreto-lei, erva-doce, guarda-chuva, joão-ninguém, má-fé, médico-cirurgião, mesa-redonda, pão-duro (substantivo), porta-bandeira, porta-malas, salário-família, segunda-feira, seguro-desemprego, tenente-coronel.

Em contrapartida, não se emprega o hífen nas palavras que perderam a ideia de composição. Eis alguns exemplos: girassol, mandachuva, parabrisa, paraquedas, paralama, pontapé.

Deve-se usar o hífen nos compostos formados por palavras iguais ou quase iguais sem elementos de ligação. Exemplos: corre-corre, cri-cri, esconde-esconde, pega-pega, pingue-pongue, reco-reco, tico-tico, tique-taque, zigue-zague.

No entanto não se emprega o hífen em compostos que apresentam elementos de ligação, como ocorre em: camisa de força, cara de pau, dia a dia, fim de semana, olho de sogra, pé de moleque, pé de vento, ponto e vírgula.

> **DICA DO PROFESSOR**
> Fim de semana (sem hífen), mas os dias da semana: segunda-feira, terça-feira, quarta-feira têm hífen. Fim de semana possui o elemento de ligação "de", por isso não se usa o hífen.

Emprega-se o hífen quando o primeiro elemento terminar com vogal, r ou b e o segundo elemento iniciar com h. Exemplos: anti-higiênico, anti-histórico, macro-história, mini-hotel, sobre-humano, ultra-humano, super-homem, hiper-hidrose e sub-hepático. Obs.: em "subumano" não havia hífen, antes da Reforma, uma vez que a palavra humano perde o "h", mas, à luz das mudanças, **segundo o Vocabulário Ortográfico da Língua Portuguesa, as duas formas estão corretas: sub-humano e subumano**.

Obs.: há um impasse quanto à grafia de coerdeiro. A Academia Brasileira de Letras registra que a grafia correta é coerdeiro, o dicionário Houaiss, no entanto, registra as grafias "coerdeiro" e "co-herdeiro".

Usa-se o hífen quando o prefixo terminar com a mesma letra com que se inicia a outra palavra, como ocorre com: anti-ibérico, anti-inflamatório, anti-inflacionário, hiper-realista, infra-axilar, inter-racial, inter-relação, inter-regional, micro-ondas, micro-ônibus, neo-ortodoxo e sub-bibliotecário.

Quando o prefixo terminar com letra diferente daquela com que se inicia a outra palavra, não se empregará o hífen: aeroespacial, autoafirmação, autoajuda, autoescola, antiaéreo, contraindicado, extraescolar, extraoficial, infraestrutura, intermunicipal, interjornada, intraocular, semiaberto, superinteressante e semicírculo.

Necessário destacar que, quando o prefixo terminar com vogal e a outra palavra começar por "**r**" ou "**s**", deve-se dobrar essas letras. Exemplos: antessala, antirracismo, antirrugas, antissocial, autorretrato, contrarrazões, corréu, minissaia, semirreta, ultrarromântico e ultrassom.

Observação: agora, o recorrido apresentará CONTRARRAZÕES.

DICAS DO PROFESSOR

1) Prefixo terminado com vogal + palavra seguinte iniciada com vogal diferente = não tem hífen: autoescola, autoajuda.

2) Prefixo terminado com vogal + palavra seguinte iniciada com mesma vogal = tem hífen: anti-ibérico, auto-observação, contra-atacar, contra-ataque, semi-interno. Obs.: com o prefixo "co", mesmo que a palavra seguinte comece com "o", ou seja, mesma vogal, não se usa o hífen: coobrigar, coocupante.

3) Com o prefixo "vice", sempre haverá o hífen: vice-almirante, vice--presidente, vice-rei.

4) Pela simplificação pretendida com a reforma, não mais se justificam as seguintes diferenças: **À TOA** (sem fazer nada) e **À-TOA** (sem valor). Prevalece a locução sem hífen. **DIA-A-DIA** (cotidiano) e **DIA A DIA** (um dia após o outro). Prevalece a locução sem hífen.

13.3. Exercício de fixação

1) Assinale a alternativa com erro de grafia, à luz da Reforma Ortográfica.

a) alcateia; b) androide; c) cinqüenta; d) estreia; e) ideia.

2) Assinale a alternativa com erro de grafia, à luz da Reforma Ortográfica.

a) Onde posso pôr os documentos?

b) Ela já juntou aos autos as contrarrazões.

c) Este livro é de autoajuda.

d) O aluno está matriculado na auto-escola.

e) No mês passado, o juiz não pôde proferir a palestra.

3) Assinale a alternativa com erro de grafia, à luz da Reforma Ortográfica.

a) A reconvenção é, na verdade, um contra-ataque.

b) O intervalo interjornada está previsto na CLT.

c) O autor tem prova a produzir.

d) Os autores têm prova documental.

e) Ele foi considerado o heroi!

4) assinale a alternativa com erro, à luz da Reforma Ortográfica.

a) contraindicação/ extraescolar/ hidroelétrico;

b) neo-imperialista/ pluri-anual, supra-esofágico;

c) anti-hemorrágico/ extra-hepático, super-homem;

d) sub-bibliotecário, hiper-requintado, boa-fé.

Gabarito: 1) "c" (com o Acordo, cinquenta perdeu o trema); 2) "d" (com o Acordo, grafa-se autoescola); 3) "e" (herói mantém o acento no "oi", pois é oxítona); 4) "b" (retificando: neoimperialista, plurianual e supraesofágico) .

BIBLIOGRAFIA

AQUINO, Renato. *Curso de redação e gramática*. Rio de Janeiro: Impetus, 2001.

BECHARA, Evanildo. *O que muda com o novo acordo ortográfico*. Rio de Janeiro: Nova Fronteira, 2008.

BELMONTE, Alexandre Agra. *Danos morais no direito do trabalho*. 2. ed. São Paulo: Renovar, 2002.

CÂMARA, Alexandre Freitas. *Lições de direito processual civil*: volume 1. 23ª ed. São Paulo: Atlas,2012.

CEGALLA, Domingos Paschoal. *Dicionário de dificuldades*. São Paulo: Nova Fronteira, 1997.

CEREJA, William Roberto; MAGALHÃES, Thereza Cochar. *Literatura brasileira*. São Paulo: Atual, 1995.

CHALITA, Gabriel. *A sedução do discurso*: o poder da linguagem nos tribunais do júri. Max Limonad, São Paulo: Saraiva, 2007.

DELGADO, Mauricio Godinho. *Curso de direito do trabalho*. 3. ed. São Paulo: LTr, 2004.

FETZNER, Néli Luiza Cavalieri (organização geral). *Argumentação jurídica*. Rio de Janeiro: Freitas Bastos, 2004.

FREITAS, Christiano Abelardo Fagundes. *Dicas de português para o exame da OAB e concursos*. São Paulo: LTr, 2007.

_____. *Canções & poesias:* momentos (di)versos. Campos dos Goytacazes: FAFIC, 2005.

_____. *O verso e o avesso do bordado*. Campos dos Goytacazes: Grafimar, 2010.

FREITAS, Christiano Abelardo Fagundes; PAIVA, Léa Cristina Barboza da Silva. *Empregado doméstico* — direitos e deveres. São Paulo: Método, 2006.

_____. *Manual de petições cíveis e trabalhistas*. 3. ed. São Paulo: LTr, 2015.

_____. *Curso de direito individual do trabalho*. São Paulo: LTr, 2005.

GOLD, Miriam. *Redação empresarial*. 4. ed. São Paulo: Pearson Prentice Hall, 2010.

GRANATIC, Branca. *Técnicas básicas de redação*. 4. ed. São Paulo: Scipione, 1999.

INFANTE, Ulisses. *Curso de gramática aplicada aos textos*. São Paulo: Scipione, 1995.

MARTINO, Agnaldo. *Português esquematizado*. 2. ed. São Paulo: Saraiva, 2013.

MARTINS, Dileta Silveira; ZILBERKNOP, Lúbia Scliar. *Português instrumental*. 20. ed. Porto Alegre: Sagra Luzzatto, 1999.

MORAES, Alexandre de. *Direito constitucional*. 17. ed. São Paulo: Atlas, 2005.

NASCIMENTO, Edmundo Dantes. *Lógica aplicada à advocacia* (técnica de persuasão). 4. ed. São Paulo: Saraiva, 1991.

OTHON, Sidou J. M. *Dicionário jurídico da Academia Brasileira de Letras Jurídicas*. 4. ed. Rio de Janeiro: Forense Universitária, 1997.

PEREIRA, Ézio Luiz. *Da petição inicial*. 2. ed. São Paulo: Edijur, 2003.

REALE, Miguel. *Filosofia do direito*. São Paulo: Saraiva, 1972.

SACCONI, Luiz Antonio. *Tudo sobre português prático*. 2. ed. São Paulo: Saraiva, 2005. Escala Educacional.

SÜSSEKIND, Arnaldo. *Curso de direito do trabalho*. Rio de Janeiro: Renovar, 2002.

TERRA, Ernani; NICOLA, José de. *1001 dúvidas de português*. 7. ed. São Paulo: Saraiva, 1999.

_____. *Curso prático de língua, literatura & redação*. 3. ed. São Paulo: Scipione, 1994.

TERRA, Ernani. *Curso prático de gramática*. São Paulo: Scipione, 1991.

XAVIER, Ronaldo Caldeira. *Português no direito*. 15. ed. Rio de Janeiro: Forense, 2001.

Produção Gráfica e Editoração Eletrônica: RLUX
Projeto de capa: FABIO GIGLIO
Impressão: PIMENTA GRÁFICA E EDITORA

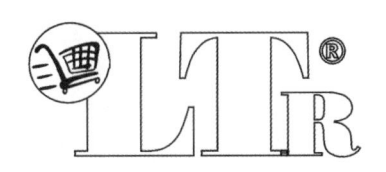

LOJA VIRTUAL
www.ltr.com.br

E-BOOKS
www.ltr.com.br